介紹

作者：蓮生活佛盧勝彥
主題：松鼠
創作時間：2008年9月

書畫賞析：

本書源自於從作者的書房望出去，全是筆直的巨松，他等於是在松樹下寫書因而得名。作者在書中引用一首童謠「我是一棵老松樹。不怕寒霜常碧綠。看那楓葉落了。聽那北風怒吼。舉目所見蒼綠。只有我老松。」形容自己就如同老松樹，無所畏懼。每日做一點有意義的事，寫一點有意義的文章。這本集結一問一答的文章，正是作者將其修行所得，解答弟子們的疑惑，期望帶給他們正念。這畫面如同這幅畫作，老松樹上結滿了橘色的松果，猶如作者數十年修行成就的果實，畫作中仰著頭的松鼠，尋覓及渴望得到松果的眼神，正如同弟子仰望著作者，期盼得到的修行口訣與精要，因而選為本書封面。

設計上，先將松果數量增加成為佛教常用的「七」顆，象徵圓滿與日日精進，另強化松果色澤，並在這橘色松果中埋下，視覺上隱而不見，由作者所寫的「ཧཱུྃ」字，代表每個松果都內含作者給予弟子成就的解答。印製技巧上，在每顆松果內含的「ཧཱུྃ」字，做凸起的效果，意喻這本書，你得摸到它、閱讀它，才能知道如何成就，也在告訴讀者們，獲取修行成果不是單看表面，而是需要深入摸索與探究的。

財團法人

真佛般若藏

妙智慧的總集 明心見性由此開始

松樹下的問答，也就是「你問我答」，
我盼望給我的弟子們帶給他們正念。

~蓮生活佛盧勝彥

松樹下的問答

漫漫語花

Q&A Under the Pine Tree

盧勝彥・著

松樹下的問答（序）

我在美國西雅圖的住家（南山雅舍），其四周全是松樹。

所以我的書房，望出去，全是筆直的巨松，我等於是在松樹下寫我的書。

我對二首詩，甚嚮往：

松下問童子。
言師採藥去。
只在此山中。
雲深不知處。
（這首詩令我有虛無飄渺的覺受）

另：

吾有一庵曰松月。
為愛歲寒拜皎潔。
不拘南北與西東。

有月有松即休歇。
撫松問松松不言。
舉頭問月月在天。
拾枯煮瀑邀明月。
我心與月同孤圓。
（我已在南山雅舍，住了很多年了，我也常常望松望月，日子一天又一天的過去了。我想自己年歲已大，不可能再搬家了，將來與「松月」同孤圓）

我可以如此說：
我是一棵老松樹。
不怕寒霜常碧綠。
看那楓葉落了。
聽那北風怒吼。
舉目所見蒼綠。
只有我老松。
（童歌）

我發覺，我自己已是一棵老松樹，不畏懼什麼了。

我但願每天做一點有意義的事，寫一點有意義的文章，修行有意義的法，如此，於願足了。

松樹下的問答，也就是「你問我答」，我盼望給我的弟子們帶給他們正念。

我認為在三十七道品中，最重要的是「八正道」。

「正見、正思惟、正語、正業、正命、正精進、正念、正定」。

我的回答，要「如是」。

另外，

我欣賞「弘一大師」的：

肉眼——無非名利。

天眼——無非輪迴。

法眼——無非因果。

慧眼——無非空幻。

佛眼——無非慈悲。

但願這本《松樹下的問答》，能給有緣的眾生，得到自己覺悟真理的解脫，讓眾生脫離「苦海」。

這本書，有問必答，期望大家都有益，也能體會到人生的真諦。

祝：

開卷有益。

蓮生活佛．盧勝彥
Sheng-Yen Lu
17102 NE 40th Ct.,
REDMOND WA 98052
U.S.A.
二○二四年十月

目錄 CONTENTS

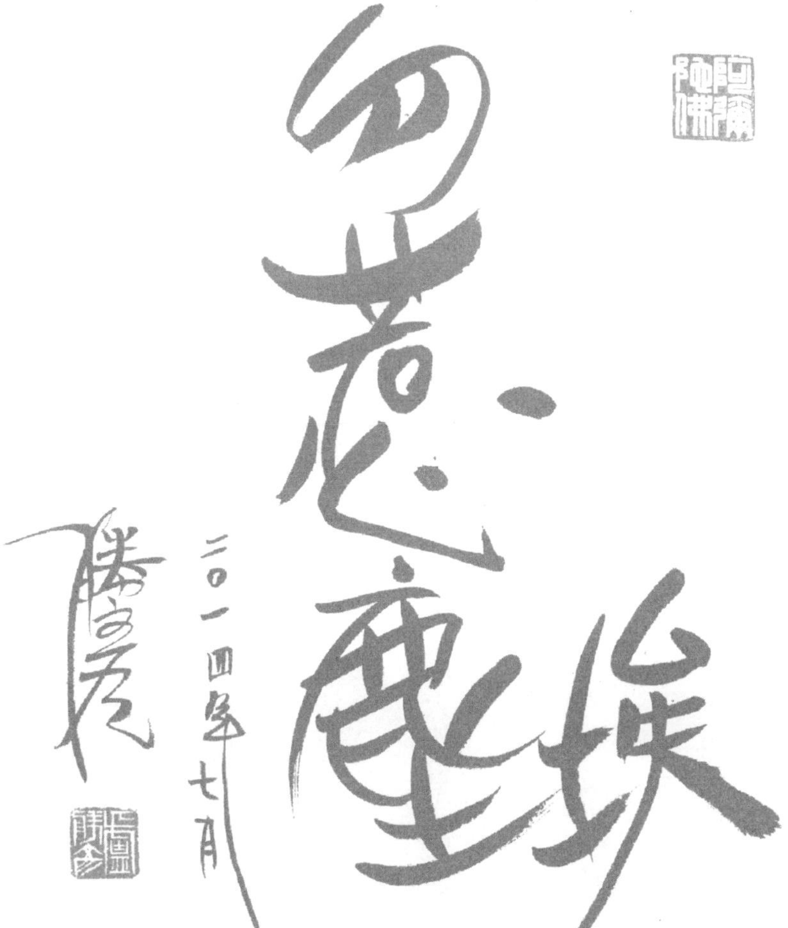

勿惹塵埃
二〇一四年七月
阿彌陀佛

問：聽說盧師尊的超度法會，可以看見亡者？

盧師尊答：

從我年輕時，十多人的超度，到今天，萬人的超度法會。

有多人看見自己的祖先及亡者，看見的人甚多，不乏其人。

我不能說，人人都可以看見，也有少部份的人無法看見。

見與不見，全是因緣。

例如：二〇二四年八月三十一日，阿彌陀佛超度大法會，常仁上師帶著十位同門參加，十位同門有六人看見，四人沒有看見。

為何能見？

簡單的答覆是：「他她們進入了一個境界。」

沒看見，那是未能進入境界。

這是最簡單的回答。如果要認真的回答這個問題，可能要寫一本書。

我是超度法會的主要角色，我坐在法座正中央。

手結：「超度手印」。

觀想：「佛菩薩降臨。法船來接引亡靈。」

持咒：「超度咒語及本尊咒語。」

進入「冥想三昧地。」

讓亡者坐上蓮花，往生佛國淨土。

讓亡者坐上大法船，往生佛國淨土。

我還要告訴大家，我每天都修「千艘法船的超度法」，已經連續很多年，

我超度的不只是人，只要是「生靈」我全度化之。

大的如：恐龍、鯨魚。

小的如：小蟲、細菌。

無所不度。

我講的是真實語，不敢妄語，絕無虛假。

每當超度法會一結束，會有很多人站起來做見證。

男眾、女眾、老人、小孩都有。

有時候，我會說：

沒有看見的，回家後，還可能看見，有的夢中也可以得見。

也有很多人來信見證之。

列出一信：

最偉大的見證

二〇二四年八月三十一日是今年「阿彌陀佛秋季超度大法會」，在法會中，我眼前不斷白光現前，心靈很安寧，是一場非常殊勝法會，也是我人生中哭得死去活來的第二次。

法會結束後，師尊慈悲開示說：「你們想要看自己過世的父母親和祖先嗎？」我當然馬上答：「要。」

我真的好想見我過世的父母，於是師尊就引導我們安靜的進入冥想。聽到師尊召請阿彌陀佛、觀音菩薩、瑤池金母、地藏王菩薩，還有金剛、空行、護法許多的諸天神眾，當師尊念到第二次「南無三十六萬億一十一萬九千五百同名同號阿彌陀佛」中，我眼前慢慢好像打開了大屏幕，我感應到父母在我旁邊。後來我看到眼前有很多人都穿著白衣白褲，很快我在人群中看到父母，我的眼淚就嘩啦嘩啦流不停，泣不成聲。

看到父母上了一艘很大很大的船，船上的夾板是黃金鋪地。父母的樣子很年輕、很精神，還聽見父親手指向我大聲說：「嗰個係我個女啊，嗰個係我個女啊！」（廣東話）說了好幾遍怕別人不知道，像極他生前和別人說話的樣子。那時候的我如同看了一場非常感動的電影，我也非常激動哭成淚人。

最後眼前慢慢的變成一片光海，非常光亮，聽見師尊一聲：「好的！」我就出定了。之後師尊問在場有多少人看到自己過世的親人，有很多人站起來講述他們看見的情況，這次的經歷讓我終生難忘。非常感恩慈悲大愛最尊貴的佛父盧師尊，在您每次演化神蹟中，讓我們從中得救和得益。

嗡。古魯。蓮生。悉地吽。

文／蓮溫

問：修行人應該「有情」嗎？

盧師尊答：

我近期講《維摩詰經》，其中有一段話，非常的重要。

佛陀十大弟子中，智慧第一的「舍利弗」，在山林深處靜坐禪定。

維摩詰大士來到「舍利弗」之前，說：

「真正的禪定，不是這樣的。而是不論在何處，都十分泰然，隨遇而安，不被諸法所縛，隨時隨地解脫。」

又說：

「像你這樣在山林枯坐，沒有利益有情眾生，沒有度世利生，與人脫節，這只是自了漢。沒有感情，離群索居，這是偷生。」

舍利弗問：

「當如何？」

維摩詰答：

「有情。」

我覺得這段「對話」對修行人來說，是一聲棒喝。

我不反對「閉關修行」，但我更注意「弘法利生」。

所謂：

大隱隱於市。

小隱隱於山。

修行固然重要，但，教化眾生，自利利他更重要。

維摩詰大士說的對，「禪定」是在日常生活當中，無時無刻均在禪定，無時無刻均在修行，而不是枯坐。

我教導眾生：

食——供養。

衣——結界。

住——觀心。

行——持咒。

眠——眠光。（禪定）

財——慈濟。

色——雙身。（合氣）

名——度生。

這些全部變成修行的方法。在密教來說，財是「財神法」、色是「雙身法」、名是「敬愛法」，甚至怒是「金剛法」。

這些，全是「有情」。

我的弟子「蓮花圓圓」，在她的信中，充滿了智慧的想法。

全是「有情」。

信如下：

雖然無數次在夢中感受到師尊對弟子濃濃的情，但師佛在《多世的情緣》、《月光寶盒》中的教導，讓我清晰地明白，師尊的愛是對全體眾生慈悲的大愛，是超越世俗、海納百川的愛、是無我、無執、無住、無相、無漏的愛，師尊是覺有情，用覺醒、覺悟去度化一切有情眾，感恩師尊的教導，讓我明白不必執著於夢境，人生一世，夢幻一場，每個人都在按照自己寫好的劇本非常入戲地表演，殊不知，忽然一聲鑼鼓歇，不知何處是家鄉？我們要從情中超越，從情中昇華！

最愛看您的書，因為您的書中皆是智慧的精華所在，我可以一口氣看完，深入淺出、淋漓盡致、意猶未盡、法喜可餐、深奧通透、我站著看、坐著看、排隊看、吃飯看、睡覺看、看看看……食不知味、睡不知夢，站不知累、等不知急，哈哈，這知又不知、不知又知的感覺挺有趣。看到師佛的無我境界之處會流淚、會感慨、會觀想，願眾生同我一般被師佛救度，同離生死苦海，永享自在安樂。

然而，何苦之有？何樂之有？生死無有之有，佛魔無有之有，輪涅無有之有，存在的不存在，不存在的存在，現即有，不現則無，現為方便而現，亦為無為而隱，無為而無所不為，應無所住而生其心，真想融進您的智慧中，融入您的慈悲中，融化於您的法界力之中，與您融為一體化度十方，慈愛眾生。

最後，深深感謝師尊的非凡無上的大加持，我主持的讀書會越來越多的人參加，我的初心是把師尊的教言、文章法佈施給更多的內地眾生，在他們心中播下一顆密法的種子、證悟的種子，願他們都和師佛結下善緣，將來都因師佛而得度。

深深感恩師尊，再次獻上我寫的《祈請聖尊加持文》供養給尊貴的師尊：

頂禮大恩蓮生佛，加持我等諸眾生。
願我智慧念念長，慈悲花兒時時開。
願我勇猛恆精進，早入智慧光明定，
頂禮聖尊足下前，求請賜我心要訣。
願我修法得相應，喜開明心見性花，
願我身心長清淨，成就無上菩提果。
萬千眾生所依持，蓮生聖尊前敬禮，
願善知識常圍繞，師佛引領出無明。
願我無倦度眾生，無我心燈照大千，
柔情殷殷贊聖尊，心心念念繫慈父。
願待花開見佛時，蓮花童子聚蓮池，
願證悲智雙運時，圓滿如月大光明。

嗡。古魯。蓮生。悉地吽。

願親愛的師佛佛體安康、常住世間、永轉法輪、請佛住世，久久久久！愛您對眾生的愛！地老天荒、生生世世！願與眾生共成佛道！

蓮花圓圓叩拜頂禮師佛！

二〇二四年七月十六日

我（盧師尊）寫一首短詩：

〈抒情〉

雖知世如夢
禮師著袈裟
為傳眞佛法
出家如在家

（我所謂的出家，是心中有光明即是。以光明讓眾生有光明，是出家在家一如）

問：到底什麼是「不二法門」？

盧師尊答：

據我所知：

經典中，〈入不二法門品〉，由「法自在」菩薩到「樂實」菩薩，共有多位菩薩，都談了「不二法門」。

而，

文殊菩薩指出：「不可說」。

維摩詰大士：

「…………。」閉口無言。

我（盧師尊）舉出一段「香積佛」的話，讓大家參考：

香積佛說：

十方世界，若淨若穢，皆是因緣幻化，沒有獨立的體性。

因此，

非淨非穢、非因非緣，十方世界，皆如虛空，本無障礙，眾生不了，才有諸多想法，千差萬別。

一切「如如」。

（香積佛的「一切如如」是不二法門）

中國的聖人「孔子」說：

「天何言哉！四時行焉，百物生焉，天何言哉！」

子貢說：

「夫子不說，我們如何知之？」

孔子的意思是說：「天不用說話，但，一切自然運行，日月星辰、春夏秋冬，萬物化生，一切本來就是這樣。」

（這也是「如如」）

我告訴大眾：

「一切如如，就是法爾本然。法爾本然也就是不二法門。」

大家記得嗎？

釋迦牟尼佛的拈花，就是「不二法門」。
達摩祖師的上座下座，不說一句話，就是「不二法門」。
惠能（盧行者）說：
「不思善！不思惡！就是這個時候！」
（不二法門。）
盧師尊的「金雞獨立」，也就是「不二法門」了！
這樣子，「不二法門」明白嗎？

若不明白，請再看「謎之仕」寫的文章：

拈花微笑

文／謎之仕

世尊在靈山會上，拈花示眾。眾皆默然，唯迦葉破顏微笑。世尊云：「吾有正法眼藏，涅槃妙心，實相無相，微妙法門，不立文字，教外別傳，付囑摩訶迦葉。」這是禪宗的起源，初祖即為摩訶迦葉。

此禪宗公案已有無數歷代高僧大德闡述過，請述諸如「實相」、「妙心」、「心印」云云等，在此我就不多講述了。可我心想，世尊做為一個開悟的佛陀，生活中總不會一直都是那麼嚴肅吧？也該有像我們師尊那樣心無罣礙無罣礙故笑呵呵的輕鬆心情吧？

於是我想把這則公案，把佛陀大迦葉的內心劇場，以輕鬆方式描述出來。

〈拈花微笑內心小劇場〉

一時世尊在眾弟子面前拈花示眾。

世尊：

「這麼多年來，有誰真正瞭解我在玩什麼？」

「沒人？」

「咦！善哉，大迦葉笑了。」

大迦葉站起合掌。

大迦葉：

「世尊，我知道您在玩『空中花』，但我無法說，只能微笑心照不宣。」

世尊：

「既然汝知道我在玩什麼，那就把真相傳下去吧！」

大迦葉：

「我知道真相用文字無法說明，那只能用刺激、用驚嚇、用行動劇的方式，看看眾生是否能契機而頓悟吧！」

（完）

〔以下為我個人心得〕

修行人修行，目的在於得道證果。在生起次第時總會在意自己修行成果得了什麼？對於禪宗而言，就是在教導：

開悟明白「得了」「無所得」。（看似對立）

因為明白「無所得」，所以「心安」。

「心安」也是因為知道「心不可得」。（看似對立）

再深入解析：

「得了」對應「分別智」。

「無所得」對應「根本智」。

「心安」對應「分別智」。

「心不可得」對應「根本智」。

「分別智」「根本智」合起來就是「一切種智」。

「一切種智」就是「一如」，就是「不二法門」，是絕對的不是相對的。

「不二法門」如何入門？沒門（靜默）。（看似對立）

就是「當下即是」亦「當下即不是」。（看似對立）

這是法爾本然。

這就是「般若智慧」。

簡單的來說也就是「雙運」。

《維摩詰經》就是在講述維摩詰居士先是責難諸羅漢弟子與初地菩薩，助其打破「分別智」提升至「根本智」。至文殊師利菩薩率眾探病時，兩大菩薩共同演繹融合「分別智」與「根本智」的「一如」觀念，助其入「不二法門」。在「不二法門」裡：煩惱即菩提，輪迴即涅槃，大自在王佛也是大自在天魔。

禪宗不立文字，就是要直指入「不二法門」。大迦葉明白佛陀諸般演繹以不可說之說幫助眾生入「不二法門」。此「空中花」是開悟者的「遊戲」，是開悟者玩的。

《心經》：「色不異空。空不異色。色即是空。空即是色。」

《金剛經》：「一切有為法，如夢幻泡影，如露亦如電，應做如是觀。」

就是「一如」，就是「不二門」。

所謂至高無法，法由因緣生（空中花）。其實普通人才有高低分別之想，開悟者眼中一切平等，因為法爾本然，因為「一如」。

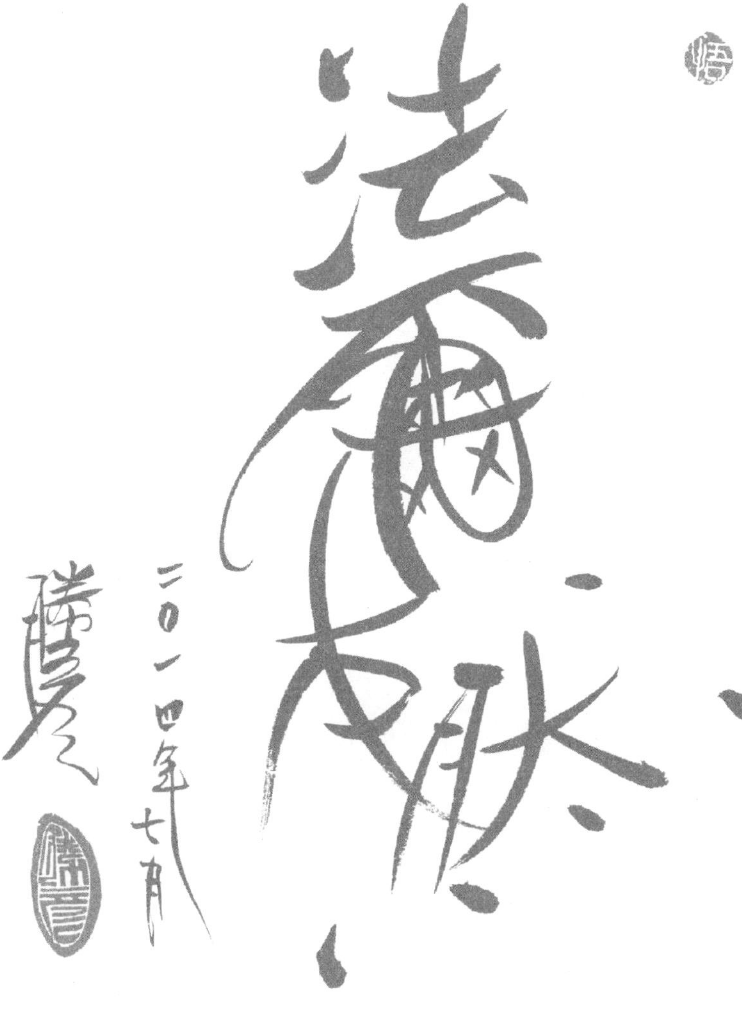
二〇一四年七月

問：大黑天也是「財神」嗎？

盧師尊答：

傳說龍樹菩薩在恆河旁散步，看見恆河有漂浮著的大黑天。

後來帶回那爛陀寺，於是成了印度佛教的護法神。

在十一世紀，西藏大譯師仁欽桑布將大黑天迎入西藏。

大黑天成了西藏的大護法神，後大黑天有七十二種形象或七十五種形象，

大部份是呈忿怒相的大黑天。

有二臂、四臂、六臂。

有身色黑或白等。

大黑天梵語MAHAKALA（瑪哈嘎拉），藏語是「貢布」。

是藏傳佛教最威猛、最有法力的大護法神，藏密四大教派均尊崇之。

大黑天有四大性質：

一、戰鬥神。

二、廚房神。

三、塚間神。
四、福德神。
大黑天的來歷，密教說祂是大日如來示現降伏惡魔的示現。
又說，是觀世音菩薩的忿怒相。
供養大黑天有二物最重要：
一、米。
二、鹽。
弟子問「大黑天」也是「財神」嗎？
我說；「是的。」
六臂白大黑天是大黑天的財神尊（白護法）。祂有一個偈是：
從檀木生的大黑天
如秋天白雲席卷般
白護法是無上本尊
觀世音變嬉戲之身
請降下珠寶的大雨

這個偈代表祂可以賜財，珠寶如雨注。
祂是財寶尊的身份。
祂手持：
摩尼寶。
嘎巴拉碗中裝滿珠寶。
另：
日本「七福神」中有大黑天。
日本「七福神」是惠比壽、大黑天、毘沙門天、辯才天、福祿壽、壽老人、布袋和尚。
在日本，大黑天主司「五穀豐收」、「商業繁盛」、「愛護子孫」、「開運招財」。
祂的形象是：
身軀圓圓。
大大的耳朵。
左手持布袋。

右手拿福鎚。

祂的來歷，本是印度教「大自在天」的化身，後來成為佛教的大護法神。在西藏是兇猛的護法。

但，到了日本，經過歷史的變遷，融合了日本文化，竟然發展成了討喜的廚房神及財富之神。

大黑天在藏區、西夏、蒙古是戰鬥神。又兼廚房神、帳篷神、寺廟的守護神，另有冥府神的特性。

然而傳到日本竟成為「七福神」財神之一。這是很難明白之處，但，仍然有跡可尋，祂是一神多職。由西藏的忿怒相，到中國的神王相，到日本成了福德相。

問：「什麼是金丹大法」？

盧師尊答：

這個問題非常廣泛，恐怕寫幾本書，也述之不盡，因為這是道家幾千年的大學問。

但，你也問對了人，因為盧師尊的師父，「清真道長」，是「青城丈人」門下，我的道號是「玄鶴」，我是學過「金丹大法」的人。

師父告訴我：

金丹大法，其淵源來自「黃帝」、「老子」。他們被尊重為祖師。

傳到呂洞賓時，金丹大法流派甚多。但，主要是分南北二宗。

北宗是王重陽始祖，其弟子丘長春共七人，人稱「全真七子」。

（以清淨單修為主旨）

南宗以海蟾真人為始祖，在宋朝紫陽真人張伯端，張傳石杏林，石傳薛道光，薛傳陳泥丸，陳傳白玉蟾。這是南宗五祖。

（以雙修為主旨）

另有：

東派陸潛虛。

西派李涵虛。

中派李道純。

青城派青城丈人。

伍柳派伍沖虛、柳華陽。

三丰派張三丰。

還有劉海蟾傳五代的陳希夷，陳希夷傳給張三丰。

（以上是傳承法脈）

我（盧師尊）告訴你：

道家修煉金丹大法，主要是成仙。要長生不老。

所謂「丹」就是「精」。

俗語說：

煉精化氣，煉氣化神，煉神返虛。此是「三花聚頂」。（精氣神是三寶）

陳希夷真人主張修金丹大法的次第是：

築基、鑄劍、調神、聚財、結友、擇地、擇鼎、煉丹。

孫汝忠的《金丹真傳》：

築基第一，得藥第二，結丹第三，煉己第四，還丹第五，溫養第六，脫胎第七，玄珠第八，赴瑤池第九。

我（盧師尊）說：

丹就是精。

鼎就是身。

借自己的身子，修出金丹。丹何處流出，就從何處收回，還歸本處。

（口訣）

慎房事。

棄淫欲。

守精關。

閉精路。

我的師父說：

先天真氣循環周天，運行有一定的脈路，道家有身前運行，是由泥丸沿身前督脈而下。

進入任脈，過重樓（咽喉），臍中，降至丹田。這條脈短些。

而從尾閭沿背後循督脈而上，過命門，夾脊，玉枕的脈道較長些。

在循行過程中，每當經過泥丸時，須用真意，使其與元神結合。

這就是「金丹」，降到丹田，就可以成就純陽之體。

守精之法是：

一、提——以氣提精，呼吸吐納，不令走失。

二、縮——縮小腹，或四肢，氣向上。

三、肛——肛門閉住，不放鬆。

四、閉——閉呼吸之道，形成堅固，精不動搖。

五、轉——念頭轉到其他處，勿失神散氣。

六、返——將精返回丹田。

這六點與密教「薩迦六勢變」略同。

日月朝天、舌抵上顎、壓喉結、腹貼背、上行氣盡出、收縮四肢、提肛。

另：

結「握固印」。

猛吸中指。（轉念）

有關「金丹大法」的著作，甚多，五花八門，師父教我看：

《黃帝內經》，《黃帝外經》、《參同契》、《太平經》、《紫團丹經》、《金丹祕訣》。

張三丰的：

《無根樹》。

《金丹節要》。

孫汝忠的《金丹真傳》。

另：

《玄微心印》。等等。

據我所知：

這「金丹大法」，要真正學成，不是很容易的事，「財」、「侶」、「法」、「地」均要具足。不只如此，許多名詞不是現代的人能看得懂，更須恆心毅力，另外，一定是明師在旁，一一點化才能有成。

其中學問，包括了「養生」、「陰陽雙修」、「獨修」、「丹藥鉛汞」、「外丹」、「內丹」、「還丹」。

五花八門。

正路、歧途、正法、邪法……。須由明師指點。

金丹大法與氣、脈、明點

盧師尊說：

金丹大法與密教氣脈明點，二者有「相通」之處，有異曲同工之妙。

例如：

金丹大法——不漏精的修法。

精不可洩，洩則氣散，氣失則神亦失。

方法如下：

閉口是閉天門。

舌抵上顎是關華池。

手摩腎部。

雙手搓熱摩熨雙眼。

叩齒聚神。

嚥液。

收縮四肢。

密教不漏明點（精）法：

雙眼朝天，舌抵上顎，壓喉結，上行氣盡出，腹貼背，提肛，收縮四肢，握固印。

這二則很彷彿。

我修習「明點無漏法」五年，竟然成就了，成了「無漏尊者」。這是千萬人也不得其一的大法。

萬人修行，失敗者多，成功者少，我確實修成了，真的很慶幸。

我是真修行者，毅力十足。

還有我有好師父。

金丹大法（三花聚頂）

煉精化氣。——密教用「拙火」化精為氣。

煉氣化神。——密教用「神水」結合成神。

煉神返虛。——密教用「氣脈」返回頂竅。

金丹大法（五氣朝元）

五氣指的是：

精、神、魂、魄、意。

或是：

心、肝、脾、肺、腎。

或是：

地、水、火、風、空。

將這五種全歸原處，就是朝元，聚於上丹田，就是五氣朝元。

（金丹可成）

這在密教稱五大氣：

上行氣、下行氣、火伴氣、偏行氣、命氣。

這五氣結合，推向頂竅，上丹田。

此是出元神之法，可身外化身。

盧師尊能融入虛空，法身無數，就是身外化身。

金丹大法的成仙，與密教的融入虛空，竟然是一樣的。

密教用中脈、左脈、右脈。三脈七輪。

金丹大法用任脈督脈，大周天、小周天，循環周身。

精氣神三者結合。

密教用明點、拙火、氣。打開輪脈，最終身化虹光。

二者不相上下。

對於「三田」，有人問：

下丹田，在臍下四指處，無異議！

中丹田，在兩乳之間，無異議！

上丹田，在雙眼間，一貫道的點玄關，指兩眼之間。（一點玄關竅，閻王嚇一跳）

有說是兩眉之間。有說是兩眉之上，一指半之間。

我說，只要實修者，都知道！

問：聽說「加持」能治病是嗎？

盧師尊答：

這種事，是有。應該屬「民俗療法」之類。但，有病還是要請醫生看才是。

「民俗療法」範圍很廣：

誦經。

念佛持咒。

符籙。

大悲咒水。

收驚。

上師加持。（摩頂）

另有，盧師尊的「法身」，不管你人在何處，祈禱之，便出現感應。

等等等等。

其實，有的病可以好，有的病也一樣不見得好，這其中有很多因素，我們大家都知道，病能好，病不能好，真是太複雜了！

就像醫生治病一樣：

有的能好！

有的也不能好！

如果全部都能治的好，世界上就不會有「死人」了！

就算是醫生，也是要病死的。生、老、病、死，沒有人能逃得過！

盧師尊說：

當我用手摩頂一個病患，對方會好或不會好，是有覺受的。

如果「無形法流」，很強有力的流向對方，我知道會好。

如果「無形法流」，並沒有強力流向對方，我知道恐怕不妙。

這就是「加持力」。

很奇怪的一種特殊的「感應」！

我修行略有一些小成，我的「加持力」，常常有奇蹟出現。

這不全是我的法力。

我是仰仗「瑤池金母」的大法力，以及「諸佛菩薩」的慈悲功德力。

很多精神病患，因加持，恢復正常。

很多癌瘤患者，癌瘤消失掉，有的漸漸的變小。

腎結石、膽結石，一加持，不見了！

瞎子看見。

啞巴說話。

聾子聽見。

連脊骨側彎，也拉直了！

一些疑難雜症，看過醫生，一直治不好的。竟然被我「加持」好了！

不孕症的，也生孩子了！

腦中風的，腦中有血塊，一加持，血塊就不見了！

有「洗腎」的，一加持，竟然不用洗了！

從輪椅上，站起來走路的。

我這位「加持者」很出名，每天很多人很多人，聞風而至。

我自己也常常祈禱「瑤池金母」及「佛菩薩」，但願眾生遠離病苦。

我修出「法身」，能遠赴世界各國，隨緣救度眾生。

有求有應。

這些都是真實的。

我確確實實告訴大家，人有誠心，佛有感應。

我祈禱：

「但願眾生得離苦！」

這裡列出一信為證：

是加持「手術」的。

師尊法身加持手術順利

自從醫生決定給我做摘除心肺之間有一物的手術後，我心中一直不安，醫生說如果幸運的話，可能不需要摘除一部分肺，但是心臟肺部的手術，風險是非常大的。我的媽媽就是做這樣的手術，結果沒下手術台就走了。於是我去信美國西雅圖真佛密苑向師尊求救，雖然得到師尊回信「已加持」，但還是擔心，一直唸師尊心咒祈求師尊加持。

前日，睡到凌晨時，很清晰地做一吉夢，夢中師尊來到我面前，一直問我一些病況，醫生如何說，手術流程是什麼樣的等等，我就將醫生告訴我的向師尊報告。期間，師尊與我一直在對答，但是具體內容我不太記得，只記得最後師尊說：好，我知道了。這一幕結束後，又來了一位貴婦人，全身金光閃閃，看起來像是金母，也像是天上聖母，我有點分不清。婦人帶我去一間屋子，這間屋子裡面燈光閃閃，很光亮，然後我就醒了。

以前聽過師尊的感應例子，有弟子手術求師尊加持，結果夢到開刀的醫師是師尊，一下子就將病灶拿掉，一點感覺都沒有。後來醫院檢查，發現病灶不見了，結果手術取消。也有的弟子看見師尊一直在病床前守護弟子，最後手術非常成功。自從夢到師尊來後，這幾天神清氣爽，感覺輕鬆了很多。昨天手術中，心臟忽然停止跳動，當時感覺師尊來到，當下又恢復正常，有驚無險，手術順利成功！感恩師尊大加持，非常感恩！

弟子蓮花紹敏頂禮敬叩（瑞士弟子）

二〇二四年十月九日

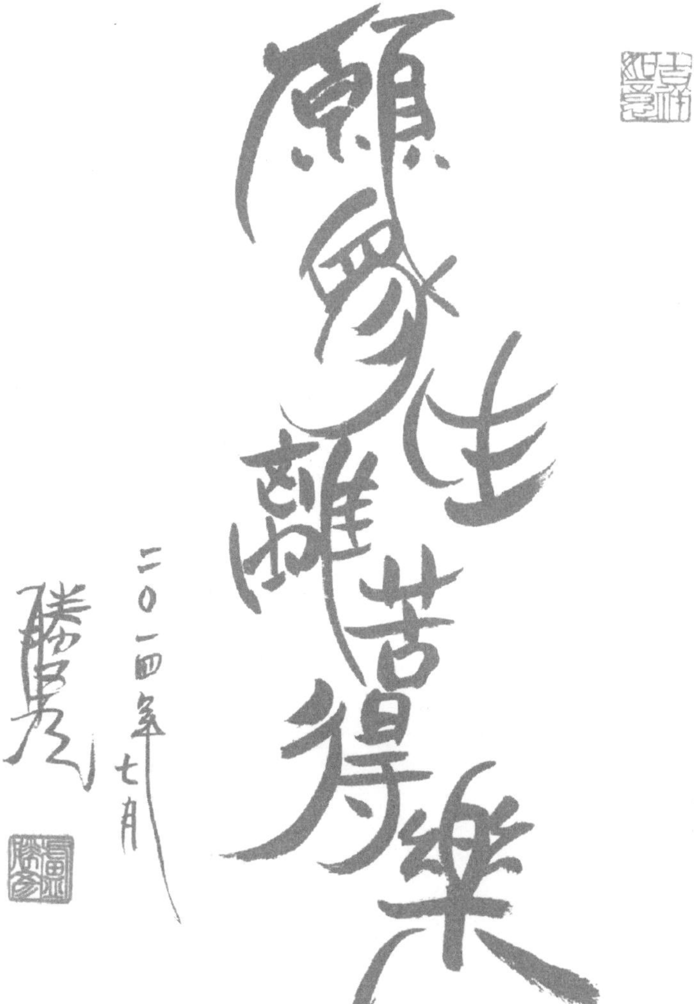
願眾生離苦得樂
二〇一四年七月

問：修法時，身子為何會震動？

盧師尊答：

這是「氣動」。

「氣動」的現象，有的人會，有的人不會。

有些人只要一禪定，身子就動。這也是「氣動」。

有些人，用意就動。不用意就不動。

有能控制的「氣動」。

也有不能控制的「氣動」。

總之，「氣動」就是氣在人身上，走動的一種現象。

千奇百怪的現象都有。

昔日。

我寫過一本《啟靈學》，其實應該是「啟氣學」才貼切些。

我個人感覺到「氣動」最好能自我控制，如此不易出差錯。

「氣動」若不能控制，是會影響正常的生活，會引發種種現象。

如乩童。

精神病患。

疑神疑鬼。

錯覺。

…………。

但，好的「氣動」可以健身，打通全身經脈，甚至可以「通脈」、「練氣」、「健身」、「開五脈」、「出竅」，…………。

我說：

氣聚在眼，可得天眼。

氣聚在耳，可得天耳。

氣聚在心，可得他心。

打開五輪證「五大神通」。

利用這股氣，來修行的，就叫著「自發功」。

修氣也可以「抱元守一」，密教修行：

「九節佛風」。

「金剛誦」。

「寶瓶氣」。

全是氣動的作用。搬運「拙火」、「明點水」也是氣為工具。

練精、練神，全靠「氣」。

關於「納氣」：

上焦是心肺宗氣。

中焦是脾胃中氣。

下焦是固腎的腎氣。

（這是通三焦）

盧師尊說：

瑤池金母如此指示：「氣動」可以鍛練身體，使自己全身的經脈全部鬆開，而且沒有阻塞，身心暢快。

所以是練身法。

又：

只要把「氣」運動到手指，手指能震動，就可以運用「九字真言」切字訣，可以驅邪做「結界」。

手指的「氣動」可以加持「符籙」，令「符籙」產生法力。

以自己的「氣動」與本尊法流合，更可創造諸多的奇蹟。

以「手指氣動」配合本尊法流，可以演算「屈指神算」，行者能知天下事，可以預測未來。

「氣動」雖然神奇，但，勿怪異視之，見怪不怪，其怪自敗。

應該珍惜。

我列舉一信，證實「氣動現象」：

頂禮無上尊貴的法王聖尊蓮生活佛！

敬愛的師尊、師母：佛安！

弟子蓮花麗燕以真誠的心向師尊、師母頂禮，祈願師佛佛體安康！長住世間！永轉法輪！也祈願師母病業消除！福壽康寧！

首先愚弟子要向師佛懺悔，這麼多年來每次寫信只是求子女的前程和姻緣，從來沒提起修行的進度，弟子慚愧，總是糾結在子兒身上，用傳統觀念來束縛孩子，使孩子叛逆更加強烈，現在我想通了，孩子都大了，隨他們的緣去吧。

愚弟子今天寫信想和師佛分享一下這麼多年來的修法感應。其實我是二〇一五年才皈依真佛宗的，之前只是信徒，開始的時候皈依一貫道，後來信淨土，再來皈依西藏法王如意寶，再來又信心靈法門，逢教就拜，後來有一天，我跪在觀世音菩薩面前求，希望觀世音菩薩能給我選一個師父，一心一意跟一位師父學法，求觀世音菩薩給我一個夢示，當天晚上沒有任何夢，第二天我照常起床去公司，那天我是坐地鐵去上班的，習慣性在心中念起大悲咒，突然車廂裡傳來一陣檀香味，我回頭四處尋找，卻沒找到是從哪裡傳來，回到公司不久，隔壁朋友送來一袋佛書，她說自己不懂佛法，她知道我學佛，就把佛書送給我，我打開一看是真佛宗，介紹師尊的簡歷，是真渡雷藏寺同門派送的，後來機緣成熟我皈依了真佛宗，在家念起了上師心咒，說也奇怪，才念了幾個月就有夢示，這夢是這樣的，夢裡我家師兄開車，我坐在副駕位，師尊、師母坐後排，開車去到一個很遠很遠的地方，我們下了車，走進一間房子，師尊在裡面看了看，問我這房子是你們買的嗎？我說是的，師尊說這房子風水很好，之後我們走出房子，剛剛踏出門口，屋面發出一聲巨響「轟」，我們回頭一看，原來是一條青龍在房子裡兜了一圈，師尊讚嘆這房子很好，房子建築是淺灰色的，外牆有一條條橫放的木條，屋後有一棵幾米高的松樹，之後我們送師尊師母回去，夢就醒了，二〇一六年我第一次踏上西雅圖朝聖時，我驚呆了，我沒想到我夢裡的房子既然跟西雅圖的房子是那樣的相似，屋後高高聳立的松樹，英國倫敦、中國溫州都沒有這種松樹，為何我會在夢裡來過西雅圖？我修其他法門都沒有夢示，我相信我已找到上師，我的佛緣在真佛宗，之後我每年都來西雅圖朝聖。

記得二〇二三年農曆一月十八日晚上，我在自家壇城前念了十幾遍《真佛經》，也做了迴向，當晚心裡嘮叨了幾句，有點不爽，之後就回去睡了，快清晨的時候，我做了個夢，非常清晰，我看到一尊金光閃閃的佛像，幾米高，之後虛空發出七彩的無量光，我沾沾自喜，心想我怎麼會看到佛菩薩？我是否開了天眼？喜悅之時，師尊從後面出來，問我在看什麼？我轉頭看是師尊，連忙叫師尊看虛空，師尊笑笑，我又不錯失良機，問師佛，為何其他同門求什麼都靈驗，但我求怎麼不靈？師佛說：有些人身上毛病少了很多，我想想也是，我本來身體東疼西痛的，現在好像都不見了，我連忙回師佛：是的、是的，我身上的毛病都好了，感恩師佛的加持，師尊笑笑走了，我繼續在看虛空的無量光，這夢太殊勝了！

自從二〇一五年開始持咒，念《高王經》，修四加行，記得當時就有點頭皮麻麻的感覺，偶而還會看到光，最近幾年感應越來越強，入三昧地的時候先出現藍色的星光點，再來出現紫色的光，接著奶黃色的光，互相交融著，今年產生靈覺。

每當我供養午餐和晚餐時，一凝神觀想諸佛菩薩住頂，法流馬上從頂穴下降，佈滿全身，身體不由自主的前後搖擺，今年六月份我在真佛密苑問事，師佛說我可以修本尊了，我回倫敦之後開始修持本尊法，按照儀軌修持，到入三昧地時，觀想本尊住頂，變成一粒米大小的光珠從梵穴進入中脈時，法流非常強，身上的脈都在跳動，前後搖擺著，很真實，師佛的法流確實是名不虛傳，真實不虛，只要我們敬師、重法、實修，總有一天我們都會得到相應，非常感恩師佛苦口婆心地教誨，也祈求師佛加持我修行精進，修法成就。

佛恩浩蕩，感恩我師，
佛恩浩蕩，感恩我法，
佛恩浩蕩，感恩我身，
佛恩浩蕩，感恩我慧，
佛恩浩蕩，感恩我命，
佛恩浩蕩，感恩我福，
佛恩浩蕩，感恩我心，
嗡古魯蓮生悉地吽！

我寫一詩，送「蓮花麗燕」：

緣份若至總會來
迴轉幾回藏心懷
雲水之間會相逢

愚弟子蓮花麗燕合十跪拜！

悠悠時光也徘徊
見我書者見我心
衆多煩惱便除清
從此脫去生死事
可出三界入佛海
一心三昧是靈物
俗人不知將此埋
電光一閃得領悟
拋棄煩惱與塵埃
常來西城常往來
眞佛放光法流旺
氣動法流精神强
自此無憂上天台

敬師重法會修
二〇一五年十月

問：何謂「空行語」、「空行舞」、「空行文」？

盧師尊答：

據我所知！

在諸天界中，有一淨土，其名是「奧明天」，是所有「空行」的淨土。

密教「空行淨土」中，有空行母、空行勇父。具備著很多俗人凡夫所沒有的超能力。

空行母與空行勇父所說的話就是「空行語」。（天語）

所跳的舞即「空行舞」。（天舞）

所寫的文字即「空行文字」。（天字）

另，

一般的說法，在天上界的天女，我們都稱為「空行母」。

男眾稱「空行勇父」。

舉一個例子：

瑤池金母有三千侍女，等於是三千仙女，三千空行母。

雪山長壽五天女，是長壽五空行母。

吉祥天十二空行母。

二十天中，有非常多的空行母（仙女）。

八方天，有八方空行母（仙女）。

空行母，空行勇父，所居住的地方，有的在天上，有的在地上，有的在湖海，有的在人間，處處多有。

在人間，也有「空行」的聚會所在地，也就是祂們也會聚會。聚會的地點，就叫「空行基地」。

我（盧師尊）的弟子眾多，五百萬弟子中，有很多是空行母轉世的，空行勇父轉世的。所以盧師尊的弟子，有多人，會講「空行語」，會跳「空行舞」、會寫「空行文字」。

這些，並不奇怪！

又有人問：「空行母」與「度母」，有何不同？

我個人如此認為：

「度母」的度字，是有救度之意，是有其任務的。

例如：

綠度母——是一位女性菩薩，又稱「多羅菩薩」。祂有二十一個化身，祂是觀世音菩薩的轉化，傳說是觀音菩薩淚水的轉化。二十一度母，各司其職。

祂現出妙齡女子相，一面二臂，慈悲莊嚴，手持烏巴拉花。

（在松贊干布的《柱間史》上，祂曾轉化成唐妃文成公主）

白度母——與綠度母形象一樣，祂有七眼，三眼在臉，另二眼在手掌心，另二眼在腳掌心，故稱「七眼佛母」。

白度母、長壽如來、尊勝佛母，這三尊被稱為「長壽三尊」。

（在松贊干布的《柱間史》上，祂曾轉化尼妃赤尊公主）

另外，最尊貴的度母是「般若佛母」，祂的地位最高，在佛與菩薩之間。

金剛亥母。

金剛瑜伽母。

咕嚕咕咧佛母。

等等等等。

祂們的地位非常高超。

我認為：

「度母」是有度化之意。

「空行母」若度化眾生，也是「度母」。這「佛母」、「度母」、「空行母」差別不大。

我舉例如下：（信件）

頂禮敬愛的師佛！

首先弟子感恩師佛的慈悲救渡！

二〇二四年九月二十八日的週六同修，師佛在法座上問弟子會不會寫「天語」，弟子回答不會。

同修完後在回山莊的路上空行母就不停的說她會寫，弟子好驚訝也半信半疑。回到山莊完成一些廟務工作後，固定每天晚上睡覺前一壇千艘法船法，修完法弟子拿起筆請空行母寫，手自動會寫，而且還唸唸有詞。弟子看著寫出來的字體就像畫符又像畫圖，弟子問法身是不是真的啊？法身說，空行母本來就會，可是愚弟子回答法身說，只有你們懂不讓我看的懂，不算數，我還是有疑惑。然後第二個晚上修完法後再拿起筆，很自然手自動很快就寫出很多的畫圖，當時覺得自己腦袋是空空的，但是手就會自動寫，當筆停下來時弟子的眉心間聚集很強的靈光，竟然看見整個虛空類似剛剛寫的文字圖發出金色光芒降落，非常燦爛的光芒中再變化出很多小花朵形狀的彩色光，真的好漂亮很美！此時法身說這些本來空行就具有的，妳本來就會寫。弟子寫給師尊看看這些文字，還得請師尊指示慈悲加持愚弟子在修行的路上得成就能自度也能度他。

這兩橫字體是之前寫的。

二〇二四年十月十二日的週六同修師尊讓弟子唱一首空行母歌，自己唱著也很感動，唱完後弟子口中就一直與下降的空行母講天語，當師尊問弟子有沒有看見她們，弟子回答只看見好幾道光降落，然後在虛空旋繞，講完後弟子心裡就覺得很慚愧，念頭一出，奇妙啊！突然眼前一亮很多空行的臉集中一起顯示讓弟子看見。

愚弟子大約描述一下當時空行母歌的意思：

空行，孩子們啊！這位人間的佛王啊！以祂的無上密雙運甘露滋潤加持我們啊！使我們燦爛發光回到我們的本地，祂是我們永恆雙運的傳承古佛啊！十方法界空行從古至今未曾離開啊！噢愛郎啊！因您的大樂雙運能轉化為無盡菩提願力，能讓十方法界光明大樂，能度六道諸眾啊！我們跟隨您永恆永久永不變啊！

師尊弟子愚笨沒什麼長進，自己覺得只要時時憶念根本上師，一心一意皈依跟隨師尊，老老實實守住本份，天天修師尊的密法，能早日得到師尊接引往生摩訶雙蓮池就是弟子此生修行的願望。從來沒有想過竟然這麼神奇能與師尊蓮花童子相應還知道自己的來源，能每時刻與師尊法身空行在一起，修法的靈覺和身體的覺受是很舒服順暢快樂無盡的，可是也時常會哭到撕心裂肺和悲傷，因為弟子能看見、能聽見、也會有感受到，師尊瑤池金母和很多佛、菩薩、空行、金剛是真的聞聲救苦不捨眾生的大願佛和慈悲大佛母！

師佛啊！弟子感恩師尊顯化以身作則一步一腳印的實踐成就無上密法，毫無保留的慈悲渡化眾生。弟子只有三年小學中文的知識，但師佛您的一切、每一次說法開示和天天的寫作，到目前已出版到三〇一冊，弟子聽了開示看了師尊的著作，竟然好像都能明白一些還會融入在日常生活中和修行的路上，好像跟著師尊一步一腳印的去實踐！

師佛啊！弟子們需要您的佛光，需要您的金言、需要您的愛、需要您的救度、需要您的一呼一吸！弟子請求師尊、瑤池金母、阿彌陀佛、諸佛、菩薩、空行、諸天，祈願師尊師母健康　長壽　平安　快樂日夜六時恆吉祥！

小小小弟子「蓮喜」感恩頂禮敬愛的師佛！

我（盧師尊）寫詩，讚嘆「空行母」：

其一：

時空無拘束
救度興味濃
千百萬年事
處處顯神通
說出真實語
寫出真佛蹤
雙蓮淨土去
舞出妙法風

其二：

讚嘆空行母
與我巧相逢
原來是宿緣
法務更興隆

附：「寒雨」空行基地巡禮報告

我（盧師尊）說：

西雅圖有一處「空行基地」。

妳（寒雨），可以去見識見識。「寒雨」本身就是「空行母」，

寒雨的報告如下：

昨晚農曆十五月圓，我和蓮壢、蓮旂法師去空行基地，那裡靈氣很好，很平靜，地面上有空行母在禮拜，空中、樹上也有，地底下應該也有（不是肉眼看，是心中直覺）。

這次來，她們沒有像第一次那樣群聚成一大團，因此，我一下車就開始拍手、唱歡喜的歌，歌的大意是：喚醒她們，邀請她們從天上、地下，各個角落醒來，聚集過來，一同歡聚。唱完之後，再唱我的召請空行母之歌，我覺得力量很強，有許多空行母出現在空中，站在蓮花上。

她們跟我說了一些話，大意是：

真佛傳承一直受到空行母們的護持，因為她們護持清淨正法。在我們的真佛傳承裡，有空行母的祕密傳承，隱藏起來不為人知。

今天，她們加持我們三人，給予授記，她們告訴我二位法師也有他們在空行淨土的祕密名字。蓮壢是「移打措」，蓮旂是「阿尊瑪」。

跟蓮壢核對過藏文發音以後，正確名字是：措其嘉措（Chokyi Gyatso，藏文的「法海」），以及阿松瑪(Asongma)(一髻佛母)

而後，我感應到地面變成金色，面前空中出現一座巨大的黃金壇城（宮殿），空行母圍繞，壇城上方坐著蓮華生大士，祂與蓮花童子無二無別。祂們說，只要心清淨，則此地與蓮師淨土無異。

蓮壢這次本來沒什麼感應，都聽我一個人在講，結果他一聽到「措其嘉措」，忽然就被打開前世記憶，比如曾經是香巴拉國王之類的。與此同時，他看見天上出現一隻巨大的眼睛。他也接收到蓮師的法流和靈感，明白了此生修行目標。

蓮師說要加持我們三個人，我們有大圓滿的傳承，但我們不能靠空傳，而是必須追隨師尊的口傳，將大圓滿在真佛傳承裡流傳下去。

（除了唱歌和聽祂們講話，我也做了超度）

以上是昨晚發生的事，報告給最敬愛的師尊！

二〇二四年十月十八日

問：「捨身法」的大義是什麼？

盧師尊答：

捨身法（施身法），我已教導過，也給諸弟子，灌過頂。

它的大義是：

「發廣大無邊的菩提心。」

「無我的極致！」

「犧牲小我，完成大我。」（斷我執，斷法執）

「平等施捨。」

修法的過程分成三段，簡而言之：

其一：

將己身，觀想如須彌山那麼大，躺了下來。迎請「黑憤怒母」，手持鉞刀，將頭、手、腳、身子，割成一片片。

其二：

用自己的肋骨，成支架。上置自己頭顱，為鍋，鍋中裝滿自己的血肉，然後支架下，燃熊熊大火，將自己血肉，煮爛如同肉汁湯甘露。

其三：

將己身甘露供養四聖（佛、菩薩、緣覺、聲聞）。下施六道眾生（天、人、阿修羅、地獄、餓鬼、畜牲）。

（以上是觀想的作法）

其中的細節甚多，有手印、觀想、持咒、供養、發菩提心等等。

這個法，是覺宇派的法，但，已普遍在四大教派中受到尊崇。

死不算什麼？

將屍身供養四聖六凡十法界第一。如同今人的捐贈器官相似。

這種供養最偉大！

菩提心廣大無邊，令人讚嘆！

這是「空行母」，「蓮花麗妃」所寫的文章，印證「捨身法」的，如下：

《捨身法的修持進階》

弟子蓮花麗妃一心頂禮根本傳承上師蓮生活佛——大白蓮花童子——盧師尊（師佛）

二〇二三年末，在一次護摩法會中，弟子看見應身盧師尊在滿天空行散花中入壇城。這時，虛空法流令弟子身體如石山一樣堅固，熱流直下，每一個毛細孔都在跳躍，虛空傳來巨聲：「妳要發廣大菩提心！」這叮囑如雷聲一般震蕩在心輪，令弟子泣不成聲。尚未覺行圓滿的弟子在幫助眾生中尚有缺失之處。所以，弟子亦不斷在一切歷練和缺失學習成長中，感恩一切眾生給與弟子的教化！祈求上師、本尊、護法加持及守護，願弟子有能力帶給眾生更多的清淨、快樂、光明。

接受此虛空法流加持和叮嚀後，弟子在修持《捨身法》中，有了新的覺悟——平等無相施：在定中，不分別六道，不分別形態，平等清淨，平等接引，法樂無限。

此後，幻身瑪吉拉尊佛母的顯化也由繁從簡。祂在寂靜中越顯光明美麗、優雅動人。合一後，瑪吉拉尊佛母以捨身化甘露供養四聖六凡十法界。而後，甘露自然化現清淨光，淨化幽冥眾的黑業，同時引導幽冥了知因果發露懺悔。心生懺悔之幽冥所得甘露變化成蓮花，令其乘蓮離苦海。此時，除了瑪吉拉尊佛母，虛空中亦顯化大白蓮花童子、阿彌陀佛、觀世音菩薩、大勢至菩薩、金母、地藏菩薩等空行諸尊齊齊放光加持人道、地獄道、惡鬼道、畜生道的眾生，最後，彌陀亦現法船，接引有緣眾生齊齊入佛海。諸位齊心合力清淨接引令眾生離苦得樂，令弟子感動淚流滿面。

之後，弟子參與師佛主壇的每一場護摩法會（無論是現場參與，或是線上參加），弟子自然而然地會在定中頂戴根本傳承，並與本尊合一，捨身化甘露，願盡綿力，護持師佛，幫助有情，淨化人心，清淨無形。感恩根本傳承上師蓮生活佛大加持指導，感恩瑪吉拉尊佛母及諸尊的加持指導，感恩一切眾生的教化，讓弟子不斷地從生活、修法、修行中自省、自覺、自度而後學習度他。祈請根本傳承上師蓮生活佛賜予弟子無上的加持和指導，令弟子能早日覺行圓滿，自在利樂有情。祈願師佛天天健康，天天快樂，請佛住世，無盡感恩師佛！

蓮花麗妃（空行母），寫瑪吉拉尊讚偈：

瑪吉拉尊我敬禮
仙姿美艷自化生
法樂響起翩翩舞
甘露供養無分別
讚嘆施身大誓願
願度自他得解脱

我（盧師尊）告訴大家：

在我這裡有「空行」的祕密大傳承。

所以我的弟子中，有很多「空行母」與「空行勇父」皆來聚會。

很多人才，數不清。

將來會有更多的「空行母」與「空行勇父」一一現身。

我們「空行」傳承，是祕密中的祕密。這是受命於蓮華生大士，及蓮華生大士的五大佛母及二十大佛母及二十五位大神通弟子而來的。

我寫讚偈：

世人怎可知

傳承真特殊

娑婆得淨化

我宗是靈芝

（空行傳承太偉大了）

問：聽說「伊喜措嘉」與「瑪吉拉尊」是同一人，是嗎？

盧師尊答：

據我所知。

伊喜措嘉出生貴族，是西藏密宗教主「蓮華生大士」的第一佛母。

蓮華生大士有名的五大佛母是：

一、伊喜措嘉。

二、曼達拉娃。

三、釋迦爹娃。

四、卡拉希地。

五、達希。

「伊喜措嘉」原是藏王「赤松德贊」的皇妃，後來追隨蓮師修成正果。她學習小乘的出離、大乘的菩提、密教各乘的經續，「大圓滿」阿底瑜伽的最高成就。

最後，她成為蓮師之後的第二代教主。

融入虹光。

至於「瑪吉拉尊」與「伊喜措嘉」，二人朝代不同。

我們只知道「伊喜措嘉」再轉化來人間度眾生的時候，是「瑪吉拉尊」。

也就是「瑪吉拉尊」是「伊喜措嘉」的轉化。

伊喜措嘉在前。

瑪吉拉尊在後。

在密教，這種轉世是非常多的，例如：

華光自在佛。

蓮花童子。

盧師尊。

（全是一人的轉化）

文殊師利菩薩轉化「大威德金剛」。這些比比皆是。

…………。

如果論起「合一」那就更多了！
蓮華生大士是釋迦牟尼佛、阿彌陀佛、觀世音菩薩的合一。
孔雀明王是毘盧遮那佛、釋迦牟尼佛、阿彌陀佛的合一。
觀世音菩薩有三十二應化身，綠度母、白度母也是祂的應化。
綠度母又分出二十一位度母。
阿彌陀佛有三十六萬億，一十一萬，九千，五百同名同號的阿彌陀佛。
又有無量光、無量壽、長壽佛的應化。
尊勝佛母是三合一。
拉呼拉護法是五合一。
吉祥天有十二位。
長壽天有五位。
蓮花童子的應化，更不可數。
…………。
蓮華生大士是蓮花化生的，祂的的確確是蓮花童子。
（阿彌陀佛化身蓮華生大士，也化身蓮花童子）

化生童子、項光童子、蓮花童子是同一人，名不同，實同。
觀世音菩薩、大勢至菩薩也是蓮花童子。
（佛陀的《本生經》中有記載）
蓮花童子的應化身，在人間也有很多位，不乏其人。
松贊干布是觀音應化。
文成公主是綠度母應化。
赤尊公主是白度母應化。
（《柱間史》中的記載）
天台宗的第二祖是「慧思」，慧思轉世到日本，成了「聖德太子」。「聖德太子」也自稱是中國和尚的轉世再來。
而天台宗的二祖是蓮花童子的轉化，這種轉化，比比皆是。
據說：
阿底峽尊者是蓮花童子的轉化。
宗喀巴尊者也是。
……………。

空行母「蓮花麗妃」有一文：

《伊喜措嘉佛母的教示》

二〇二四年初，有一天修《捨身法》，我與瑪吉拉尊佛母合一，融於虛空，在虛空中跳起了妙曼仙舞，虛空中的瑪吉拉尊佛母，突然變化成伊喜措嘉佛母，之後還原為瑪吉拉尊佛母，心中一怔悸動，便於定中祈請蓮花生大士的佛母—伊喜措嘉佛母給與教示。

伊喜措嘉佛母如是說：

「在勝義諦裡，伊喜措嘉即是瑪吉拉尊佛母，是無分別的。在人間，因緣際會而生出不同的變化身及教派，但其實是同源。今天，汝祈請我，因緣際會，我當與汝合一，給予護持，令人間的眾生緣更圓滿。」

接著又說：

「空行母來人間，皆有隔世之謎，也在輪迴中沾染了人間習性。需要在種種歷練、調教中，漸漸覺醒、覺悟，放下紅塵囂囂，內修外調，得天人合一後，方能利益有情。」

最後交代：

「汝可以和盧師尊求《空行母的人間法旨》，敬愛光明增上，有緣的她他會主動請教汝。待觀察修為和根器一段時間後，因緣增長和合時給予她們點撥一二。」

問：如何是「禪定」的意境？

盧師尊答：

禪定的意境，人人不一定一樣，覺受也個個不同。

昔日。

有人把「禪定」用「水」形容：

粗定——念頭如瀑布。

細定——念頭如激流。

深定——念頭如潺潺之水。

最細定——念頭如潭水無波。

三摩地定——平靜無波的水如鏡。

（這是我盧師尊詳細分別出來的，是個人的經驗）

禪定口訣：

無事。

無心。

禪定的覺受，每個人不同，也受五行的影響：
地——自覺如須彌山，堅定不動。
水——自覺輕安自在，清淨無比。
火——自覺光明四射，虹光綺麗。
風——自覺坐於虛空，神足其他淨土。
空——自覺靈光獨耀，時空皆不存在。
空無一物。
簡單的說：
「禪定就是專一！」
「人能守一，萬事畢！」
「禪定能生智慧，智慧能生禪定，互為因果。」
「定心一處，無不成就。」
蓮華生大士的二十五位成就弟子，就因「禪定」得到大神通力。
例如：
「南卡寧波」能騎在日光之上，到處去巡行。

「生支移喜」以普巴杵，把巨大的石頭，打成碎片。
「嘉華促楊」可以自己變形，一下子是馬頭金剛，一下子變大威德金剛。
「竹箐巴」可以到地獄道、餓鬼道、畜牲道，可解除人的罪業。
「毘盧渣」可以在三界中，到處走動。
「啤爸曼達」可以時時在三昧定中，隨時隨地到處現身。
「如扎寧波」得無上智慧，任何人均無法駁倒他。
「也青移喜」在岩石上取甘露，五行變化無窮。
「那南多傑敦炯」能御風飛行。
「巴美移喜」其飛行可達空行的淨土。
「舒波那巴」能與各種野獸相處無礙。
「那南移喜」在虛空行腳如平地。
「卡青巴」出普巴杵，杵自動降伏惡魔。
「丁瑪渣」能記憶大小經論，超強記憶力。
「師蒲巴」能命令水，河水可倒流。
「嘉華支」能知他人的心思，有天眼，知宿命。

「佐賓車仲」伸出手印，飛翔之物，便墜地。
「真巴南卡」用手印馴服各種兇猛動物。
「和珍巴」能水遁，水中能呼吸。
「羅真瑪托」把沙石變食物。
「巴機多傑」能穿山過峽，無障礙。
「蘭佐公促」喝令雷電，雷電聽令。
「嘉華蔣促」打坐昇上虛空。
等等等等。

這些，全是「禪定」成就後的神通境界，不可思議。

我（盧師尊）的弟子中，有一位「入定」的高手，他寫了入定的意境，這就是「禪定的意境」，他的信如下：

尊貴的，最敬愛的至高無上的聖尊蓮生活佛，

今世能夠跟著您學佛，我已經深覺非常幸運的了！如今我又有機會在雲端參加完，您在彩虹雷藏寺主壇護摩法會後，法喜充滿地來給您寫信，我感覺真的是，幸運之中又幸運！倍加幸運！

今個月的十月六日，您在彩虹雷藏寺主壇的護摩法會，是摩利支天菩薩護摩法會。老實說，對於摩利支天菩薩，我本來是不熟悉的。

然而，自從上個星期日，二〇二四年十月六日，在雲端參加完您在彩虹雷藏寺主壇的摩利支天菩薩護摩法會後，摩利支天菩薩的心咒，摩利支天菩薩的手印以及摩利支天菩薩的印象，從此以後，就在我的心底裡，不再陌生。

當天法會開始前，我默默地唸著摩利支天菩薩的心咒（嗡。摩利支依。梭哈。）誰知就在法會開始後，就在您莊嚴地來到會場，殊勝地召請著諸菩薩、護摩主尊摩利支天菩薩、護法金剛以及空行母……的時候，突然間有兩道強烈的光，直接向我的頭頂照射下來！我立即如被電觸一樣，霎時間就堅固如鐵地入了定！

我如如不動的、聚精會神地坐著，專心一意地把身體放鬆著；我什麼也不想，只放空身心以及觀照我自己體裡的氣。

我清晰感覺，我體內的氣，在我的全身由上到下不斷的通暢流動。暖暖的、柔柔的，首先由我的腳底，不斷細細的運行摩擦而上，然後從中脈，到我的整個頭部，再由我的頭部，一直從我的四肢慢慢來回到腳底……個中的輕安愉悅、舒適大樂！簡直是無法形容的難以形容！我沉醉在三摩地境界的歡樂中。我並且非常清晰地，聆聽著整個護摩法會的儀式及程序。

在我越是專注，身體越是放鬆，經脈越是氣流充足得，不斷在全身體裡來回循環的時候；不知過了多少時間，突然間我感覺，我已經慢慢的，在專注入定、聚精會神的留意護摩法會下，變成了一尊莊嚴無比，身著紅色天衣，披滿華麗寶飾，天衣綾綿的摩利支天菩薩！

原來摩利支天菩薩已經在聖尊蓮生活佛您的殊勝、法力無邊，神通廣大的召請下，慈悲地下降與我合一。我驚喜讚嘆！我感恩連綿！

而整個入定過程，到最後司儀在會場清楚的向大家說：

「恭請師尊帶領大家頂禮壇城。」

我才不得不出定與師尊您說再見。整個入定過程，足足有一個小時三十分鐘。我意猶未盡！

入三摩地的感應覺受，快樂輕安、逍遙自在、法喜難喻，不可思議！令我對聖尊蓮生活佛您佩服得五體投地！無限讚嘆！

我並且在法會結束後，立即就法喜充滿地面向壇城，頂禮壇城，感恩聖尊蓮生活佛您！感恩諸佛菩薩！感恩摩利支天菩薩！

奇妙的是，當我的感恩說話剛說完，我的兩手，就自然熟練的，做起摩利支天菩薩的根本手印來！

我首先兩手合著如拳頭，兩食指自動向上，然後兩中指從後向前，把兩食指勾著，完全成了摩利支天菩薩的根本手印。不單止這樣，奇怪的是，我還用摩利支天菩薩的根本手印，向我自己加持，然後又轉身面向我身旁的，與我一起參加雲端的，我的師兄加持。

我驚訝讚嘆！

我目瞪口呆！

從此以後，只要我一念摩利支天菩薩，我的雙手就能自動容易的做著摩利支天菩薩的手印，我並且就自自然然的，變成了摩利支天菩薩的形象。

從此以後，摩利支天菩薩在我的心底裡、形影不離，再也、再也不再陌生。

感恩聖尊蓮生活佛您，主壇的每一場法會，都是大無畏的佛法無邊、不可思議的殊勝召請！

讓我幸運地與一尊相應、尊尊相應；甚至得到他力無數數的不可思議的加持及守護！

但願通過今次二〇二四年十月六日，聖尊蓮生活佛您在彩虹雷藏寺主壇的摩利支天菩薩護摩法會後，《真佛宗》的簽約護法金剛「戰威金剛」—摩利支天菩薩，能用強大的護佑力量守護著真佛宗弟子的同時，能慈悲為懷、威風凜凜地日夜守護著我，讓我能修行成就和生生世世、粉身碎骨、護持聖尊蓮生活佛您的真佛密法，弘揚佛法、普渡眾生的願望，能永無障礙、一路通暢、菩提圓滿！

正如聖尊蓮生活佛您在盧勝彥文集二五一《剪一襲夢的衣裳》〈狐狸拜月〉所說一樣：「修行必須有正見，覓明師，得正道，如此才能稱心願。」

嗡。古魯。蓮生。悉地吽。

嗡。摩利支依。梭哈。

愚弟子蓮花彩虹助教頂禮合十叩謝

寫於二〇二四年十月十二日

美國東北部佛蒙特州

盧師尊說：

我們必須修習禪定，身心在禪定中可以分分合合，可以看見自己本來的佛性，而且將佛性融入本尊的心，也可融入上師的心，三顆心融合成一體。

這不只是「靈光獨耀」。

禪定時，一切妄念泯滅，在我的心中蓮花，住著一位光明的佛，放出光燦燦，那就是見證了佛性。

在這「靈光獨耀」之時，是無法形容的，我常說：

一粒塵沙，融入大地。

一滴水，融入大海。

一粒火，形成大片的火光。

一陣風，吹入虛空。

也有：

「無作」、「無相」、「法爾本然」、「空」。

雖然進入了「喜樂的境界」，但，可以把我的佛性，轉變成對眾生無條件的「慈悲」與「愛」。

這就是一種「佈施」。

我曾經在法座上，入甚深禪定。

自覺痛醒。

我痛苦的哇哇叫。

我說：

「因為有人（弟子），正在受肚子痛三天之苦，他奇痛，呼喚我。」

而我在法座上，承受了他的奇痛。因而受苦。

後來證明：

「的確是如此！」（他是釋蓮屹）

他痛，我痛。

我痛，他不痛。

（替代）

我可以在禪定中，以「施受」的方式，去替代眾生的苦。這是慈悲喜捨。

問：盧師尊為何常嘆：「如夢如幻」？

盧師尊答：

佛陀常說：三法印。這三法印也就是：

諸行無常。

諸法無我。

涅槃寂靜。

什麼是法印？法印就是真實語，是「真理」的意思。

由此，便知「如夢如幻」。

《金剛經》的偈：

一切有為法　如夢幻泡影

如露亦如電　應作如是觀

所以我這位八旬老僧的一生經歷，如同一場電影，已經快要結束了，結束就是「戲終」，一切均是空幻。

房子沒有了！
車子沒有了！
土地沒有了！
財、色、名，全是一場夢幻。這些大家都知道，只是執迷不放。
不放也得放，此時當知：「一切得」即「一切無所得」。
「無所得」是真理也。
今天，
我學會了：「隨緣」、「隨順」、「隨份」。用這三樣，過著我的晚年。
對於一切事，看開、看淡，不掛心頭，走我最後的幾步路。
洒然一笑！
好好的睡一覺。
好好的吃一頓飯。
這樣就滿足了！我對自己常說的一句話：「放下吧！放下吧！放下吧！」
又有人問我：「盧師尊，偶見您在法座上說法，痛哭流涕，為何？」

我答：

實在不好意思！對不起！我常常會悲從中來，哭個稀里嘩啦的。

這是我的天性。

一者，想起人間的母親，我會哭！

二者，想起天上的母親，我會哭！

（天上之母是瑤池金母）

三者，想起自己的身世，也會哭得很痛快！我的出生，父親不認是他生的。

這是悲哀的開始。

四者，想起蓮香上師的病苦。

五者，想起「新冠病毒」，大瘟疫。

六者，想起戰爭的生離死別。

七者，想起饑餓的人。

八者，想起地獄道、餓鬼道、畜生道的眾生。

九者，種種的人間災難，地、水、火、風之災，無常等等。

十者，種種的苦。

這五濁惡世，有那一件事，能夠讓你瀟灑走一回的？

我只有哭！

哭眾生在迷幻之中，沒有醒悟，離開佛陀的真如甚遠，幾時才能證悟，於是，哭個痛快！

這些，就是我在法座上，痛哭流涕的因由了！

不是如夢如幻嗎？

是的。是如夢如幻，但，夢幻中卻有實受啊！

附：蓮花彩虹的信

敬愛的、至高無上的聖尊蓮生活佛，

今天我很高興、興奮地又來到您的身邊！但一切都非常的突然！因此今次的行程，非常的倉促！

由買機票到今天能夠平安順利地抵達西雅圖，來到您的身邊，主要原因是，我內心感覺到諸佛菩薩，「西城」的如排山倒海、萬馬奔騰的強烈呼喚！

因此我就毫無顧慮下，不管一切地和我師兄商量後，就立即買了機票。

我並立即回醫院，徵求同事調換，這幾天需要調換上班的工作。一切如神助一樣，非常順利。

但同事、經理、家人都莫明其妙！驚訝不已！因為我在上個月的九月一日（星期日），才和家人來到西雅圖，參加您在彩虹雷藏寺主壇的大幻化網金剛息災、祈福、治病、超度護摩大法會。

然而我心知肚明；我更知佛菩薩明，聖尊您亦明。

如您在您的二九八本文集《夢的啓示錄》第三十七篇〈禪定也是夢〉的一首詩一樣：

「誰知我念舊，
憶情心徬徨；
得之亦未得，
寫詩話空長，
燈下有身影，
對語亦自然；
今日不見人，
東去霧茫茫。」

我看後不禁兩淚直湧………。

因我坦然明瞭。

我亦心中確悟：的確「人生是夢幻」、就算是「禪定」，也是「夢幻」！

但幸好如您在給我的信中所說：

「非我。
非空。
這是：
來時一禪定，
再來一禪定；
究竟是何事，
西城有蓮生。」

敬愛的、至高無上的聖尊蓮生活佛，

感恩與您的相應！

感恩有您的法身常常護伴！

感恩您今次的書中教導！

未來的將來，我就是發奮，要好好的弘揚聖尊您的真佛密法，好好的弘揚佛法，好好的普渡眾生！

好好的報答真佛——聖尊蓮生活佛您！

好好的報答諸佛菩薩！

今我寫一首詞，跪拜淚流覆聖尊：
一生堅守恆禪定，
證得菩薩常伴隨。
並站高山胸懷暢；
因有西城盧蓮生。
感恩真佛難言盡！
為此發奮渡眾生，
弘揚真佛及密法，
粉身碎骨無所懼！
空夢如幻一場緣。
感恩聖尊！
感恩聖尊在書中的珍寶指示！
感恩諸佛菩薩的所有美好安排！

愚弟子蓮花彩虹助教頂禮合十叩謝
寫於二〇二四年十月十六日
美國東北部佛蒙特州

盧師尊說：

蓮花彩虹是一位修行有成的長者，其禪定功深，文字寫作很優秀，而且願力很大，是一位慈悲的菩薩。

蓮花彩虹看見美國各大城市都有雷藏寺或同修分堂，唯獨東部「波士頓」這文化大城沒有，他發願去「波士頓」度化眾生，精神可佩！

二〇一四年六月

問：請說明「融入虛空」？

這位問者，對盧師尊常說「融入虛空」，覺得不可思議，請我說明更詳細些。

盧師尊答：

一位行者，經歷了持續的觀照念頭，到最後忘卻身外的世界，這叫著「坐忘」。

身子不見了！

念頭沒有了！

可以如此說，物質消失，心念消失，一切法消失，時空消失，連靈性也消失。

沒有相對。

只有絕對。

本來這是沒有文字、語言可以解釋的，如果勉強說，只能說：這是自性不動境界，是行者之心與至上的心合一，自心與宇宙原力合一，絕對的實相。
不可分割的。
神聖的。
純淨智慧。
過去、現在、未來，均不變異之無上空性。其光耀等於太陽，其清涼等於月亮，其廣大如虛空。
這是「空觀」，但，難以言喻的「空無邊」。
無所緣！
無所執！
無我欲！
無束縛！
我稱為這是「本來清淨」，「真正的解脫」，「任運自在」，「融入虛空」。
如同「深眠」。
如同「無礙」。
如同「空空」。

關於「融入虛空」，有一信，證明如下：

頂禮尊貴的聖尊蓮生活佛！

阿彌陀佛，敬愛的師尊您好！

感恩慈悲師尊加持弟子（李敏）這次很快又來西雅圖與佛相聚，這個週六師尊開示講到彩虹雷藏寺師嬤菩薩旁邊生基那有一處是所有空行母聚集點。所以弟子今日（二〇二四年十月二十九日）特別去了，弟子首先頂禮跪拜師尊、師嬤菩薩後，很快金母讓我盤腿坐下，弟子虔誠合掌觀想大禮拜後，師嬤菩薩開始變化一道大白光，弟子被大白光照耀全身，然後進入大白光，瞬間走進一個宮殿，宮殿非常的亮，而且有水的聲音，好像瀑布的流水聲，地面弟子看不到自己腳步，地面鋪蓋一片彩雲粉白色，非常漂亮，感覺踩到水但是又沒有水，非常舒服，而且有花香，一座非常大而且壯觀的宮殿，此時弟子看到了好多天女，不知怎麼的，我的眼淚開始稀里嘩啦不停的流下來，看到好像好熟悉的宮殿，又很多很多熟悉的人的聲音在講著天語，接著我也開始用天語與大家話家常聊天，眼淚還是一直流和感動，突然有一位佛母前來，向我說了一句：

「你怎麼這次又是這麼年輕，師佛都已經……」眼淚更加的厲害不停流下來。聊著聊著有一位佛母（伊喜措嘉）很親切的走過，說要帶我進入主殿，首先她們帶領我來到一個非常大的天池，池邊佈滿鮮花和蓮花，幫我沐浴完後，更換天界的天衣和裝飾。接著天女們跟著前面一位佛母來到一座非常華麗的宮殿，這個宮殿非常熟悉，因為弟子有來過，是瑤池金母的宮殿，華麗漂亮金母，遠遠看到了我，讓弟子眼淚又是嘩啦嘩啦的流下來，金母慈悲笑容，身上帶著白光，弟子看著看著很快就走到金母面前，弟子虔誠合掌跪下頂禮金母，然後金母還是一樣非常的慈悲，讓弟子走到她的身邊，摸了我的前額，這樣雙眼的對視著，對我說到：「這裡還有一個宮殿，你要去看一看。」

很快天女和剛才的佛母，帶著我前往另一個宮殿，宮殿非常的大，弟子看到好多好多，沒辦法文字一一描述出來，有壇城、山丘的閉關房子，有很多像猛獸（弟子不知道是什麼獸類），而且看到特別多侍者和天仙家眷，在準備好多供品、鮮花，一眼望去好像看到所有宮殿每個角落，但是每一處又是非常廣大無比，等等好多不同的宮殿。此時虛空放出白色大白光，照耀弟子全身，這個光好強烈的在加持弟子，弟子全身變成光，在這片光弟子開始隱約看到一尊佛，離弟子越來越近，弟子看到了「蓮華生大士」，蓮華生大士全身放光特別的加持弟子，先放白光、綠光、藍光、黑光、藍光、紅光。最後弟子從一片粉色的天雲回到師嬤菩薩身邊出定。

弟子蓮花一敏誠心跪拜頂禮

盧師尊說：

這封信，雖然不全是「融入虛空」，但，已有「融入虛空」的味道。

因為聖者說：

「因緣所生法。
緣起於生死。
生滅而滅已。
寂滅為真樂。」

「李敏」的信，是緣起的，是有生滅的，尚在一念之中。

如果盧師尊在「融入虛空」中，尚有一念的話，就會具有拯救眾生及度人解脫的能力，可以親見萬象的本源，看見真性的大光明。

以內照真常。

以外照萬象。

見物如鏡映照，專注什麼，就出現什麼。

可以遊行世界各地，毫無遮障，想到那一個弟子，那位弟子就現在眼前。

從此地到彼地。

從欲界到色界，從色界到無色界，從無色界到四聖界。

（十方法界均能至也）

如飯食經行，一個曼陀羅到另一個曼陀羅。

從瑤池淨土到西方淨土到諸佛菩薩的淨土，全取決於行者自己的心念。

一切來去如風，這只是一種形容，心動處，就產生心行。

（這就是任運自在，六通具足。不受一切業累影響。以八萬四千法門，救八萬四千種病。仍然拯救眾生）

問：「千艘法船」超度法「阿彌陀佛」為何非主尊？

盧師尊答：

西方極樂世界，三依怙主是「阿彌陀佛」、「觀世音菩薩」、「大勢至菩薩」。

依理應以「阿彌陀佛」教主為主尊。

因為要去極樂世界，有二個條件：

一、不可少善根。

二、一心不亂的念「阿彌陀佛」。

（這是淨土宗的教示）

但，

為了度化信仰「瑤池金母」的信眾，我們就以「瑤池金母」為主尊。

這是什麼原因？

我答：

「佛法是無定法！」

真佛宗以「瑤池金母」開宗立派，以「瑤池金母」為主是可以的。在修法的過程中，「阿彌陀佛」加被幽靈眾，仍然是首要。

可以如此說：

「瑤池金母是主尊」。

「阿彌陀佛也是主尊」。

修法之中，二聖號均念，沒有偏重那一方。

據我所知，佛法確實無有定法，只要能到佛國淨土，方法甚多！

釋迦牟尼佛說：

「如是，如是，諸佛如來，無有定法，惟依眾生根器而作佛法。

有的以佛光接引眾生。

有的以諸菩薩來行度化。

另有法身、報身、應身來行救度。

眾香淨土，以『香米』接引眾生。

以經卷度眾生。

以顯神通救度眾生。
以三十二相、八十隨行好而救眾生。
也有用『虛空』做佛事。
用夢，
用幻，
用影，
用音，
鏡中花、水中月也可度眾生。
用寫作、唱歌、遊戲度眾生。
連靜極無言、無說無示也可以救度眾生。用八萬四千種法，度化八萬四千種人。」
（八萬四千指的是種種根器）
如果明白：
一即一切。
一切即一。

不二法門。

你就明白「佛魔一如」、「煩惱即菩提」。而且任何事都是佛事，任何法皆是佛法。

應以何法度眾生，就用什麼法，一點分別也沒有。

什麼都不執著，就是大成就。

我（盧師尊）更深入的說：

「阿彌陀佛」、「瑤池金母」是一如，非二如，實沒有佛道之分別，也無有誰高誰低，也一樣不增不減。

有分別是眾生主觀分別及錯覺，真正的說，諸法實際，真如三昧，一切功德是平等的。

（在現象界是有差別，在真實界，全部是平等如一）

所以才說：

一切功德平等無二，只因度眾生的因緣不同，才生分別想。

我列舉「瑤池金母」度眾生，用世俗事法來說明之。這也是萬萬法中的一法：

根本上師蓮生活佛　慈鑑

弟子蓮花昱豐，現年三十二歲（屬雞），家住台中市北屯區（地址略），目前於德商安聯人壽任職業務經理，今年因公司競賽獎勵原訂至夏威夷，但突然因故更改為美西旅遊，有幸親自到西雅圖，而公司安排至西雅圖只有兩天時間，一切就是這麼巧合，正好入住當天就是四月十三日（六），正逢西雅圖雷藏寺同修，即把握機會排除萬難到了祖廟朝聖。

一進到祖廟參拜時，竟得母娘靈示，要弟子奉請母娘金身回台發揮，故迎請金身與香火回台，而安上壇城供奉後，一日至嘉義的慈惠堂參拜，一位替母娘辦事的師姑見到我，得知我跟公司出國剛回來，睜大眼睛用疑惑的眼神看著我說：「奇怪！你不是參加公司美國旅遊?!應該是去玩才對，怎麼會從美國領了一道旨令回來，金光燦爛毫光萬丈，難道美國也有廟宇嗎?!而且還供奉著許多台灣難得一見的神佛。」於是我才告訴師姑，我到西雅圖雷藏寺，母娘指示奉請金身回台的緣由，而師姑說這道旨令是跟著母娘金身要來發揮度眾，要我好好領眾修持度眾。

去美國前，曾到過慈惠堂參拜，師姑原本在替其他信眾收驚解惑，隨後母娘突然降駕在師姑身上，向眾人說要找「豐仔豐仔」，旁人以為母娘要電風扇，誰知母娘乩身走向我，牽起我的手，步行至大殿中央，囑咐應將學修的法門傳承下去，並期勉領眾同修，度身邊所有母娘的龍子鳳兒回天，不應讓其茫茫渺渺苦無出期。

自從母娘安奉上壇城後，有同事至家中拜訪，但都未曾上香禮拜，來幾次後，同事的姊姊夢見他三過廟門而不入，要被護法神處罰，就趕緊請同事想想到底有去哪裡的廟，但同事說沒去任何地方，只來我家，我告訴他請來跟母娘上香，誰知上完香跟母娘請示擲筊，連連聖杯，讓身邊人嘖嘖稱奇母娘與佛菩薩的靈感。

弟子自皈依十八年以來，期間曾入道門學修並奏職授籙，但始終皆以真佛密法、頂戴師佛為根本傳承，而弟子另有工作，並非以辦事為生，只因佛菩薩屢次顯化，以隨緣收驚、符法等靈應度眾，度多人皈依修學真佛密法，於夢中得師佛加持並期勉度眾，近期得佛菩薩示現堂號為懿化堂。

此事弟子實在猶豫甚久，事關重大，請求根本上師印證，一切以師佛教示為依怙。

1.此事是否為西雅圖雷藏寺祖廟母娘所顯化?!

2.弟子是否可設立堂號辦事度眾?!

堂號是否為「懿化堂」?!

辦事與設立奉祀主尊，是否為瑤池金母?!

3.懇請師佛慈悲開示，弟子若開堂度眾未來方向該如何做?!

叩請師佛慈悲釋疑，一切以聖尊教示為依皈，祈請師佛佛體安康、長壽自在、永不入涅槃。

弟子現年三十二歲，一生有許多的故事與奇遇，其中一件非常吻合的記錄在師佛文集中，也請師佛鑑定，以下是弟子母親的真佛奇遇故事。

感恩師佛慈悲救度，師佛二二三冊文集——《無上殊勝的感應》——〈大神也皈依盧師尊〉一文，當年找鹿港哪吒三太子問事的正是弟子與母親，而母親修學真佛密法後，突然憶起在幾世前，我與母親，受母娘於天上界指示，囑咐不可沈淪紅塵濁世，要快快返回瑤池。

母親早年三十歲時，她曾在霧峰遇見一位路邊擺攤算命的年輕人，當時母親是無神論，不信鬼神說，見算命即去測試是真是假，母親問：我這輩子是否會發財？年輕人一算說：發財沒有，嚴重的是妳再過十年，人生遭逢生死大劫，一般人是逃不過的，但…奇怪，妳有貴人會幫妳。母親問：有得救嗎？貴人在何方？年輕人說：天機不可洩漏。最後在母親逼問下，年輕人答：不在霧峰，在霧峰隔壁。母親於是猜了大里、太平、烏日、芬園。結果都答不是，年輕人回答：妳沒猜到的，就是那一個了。（就是沒有猜到隔壁「草屯」），於是算命的年輕人說：這個貴人，祂不是人，妳看祂是人，實際上祂早已超凡入聖，時間到自會出現，妳的下半輩子會因為祂而改變。

母親當時認為算命的年輕人無稽之談，即離開算命攤。後續憶起，這年輕人紅光滿面相貌堂堂，不像一般人的樣貌，說也奇怪，從那天起母親不曾再看過那位擺攤年輕人，也找不到這位人士。

母親經由十多年後，才遇上三太子，進而皈依根本上師蓮生活佛，才想起十多年前的奇遇，原來貴人就在草屯！

而媽媽在民國一〇〇年三月，醫生診斷出來是重度癌症，當時醫生說如果不做治療會危及到生命安全，故即時做了手術以及化療，身體虛弱到連走路的力氣都沒有，媽媽沒有一個堅定的信仰，晚上睡覺的時候都看見怨親債主，害怕的到處求神問卜，問王爺公、問乩童，最後問到鹿港的三太子，當時太子爺降駕直言，你們怎麼會來這裡找我，你應該要去雷藏寺找師尊，妳與我的師父蓮生活佛有緣，你們應該去找祂。

媽媽當時就哭著說：不能找太子爺就好嗎？我不認識師尊。太子爺就說：連我也皈依蓮生活佛，祂是當今的佛，妳不找祂妳找誰?!我教妳唸祂的心咒，嗡古魯蓮生悉地吽，妳只要回去好好的唸，再去雷藏寺求師尊加持，這就是唯一的辦法。

當時母親第一次參加法會，也報名主祈，向師尊敬獻哈達時，也把求加持的問事單呈給師尊。

法會結束後的某日，坐在家中椅子上，突然耳裡聽見非常震撼的上師心咒，眼前顯出一片光明，見到師尊端坐蓮台，身穿法王袍，頭戴五佛冠，全身放五彩光明，手上打著各式各樣的手印一直不斷地放光加持久久，這不是在睡夢中，而是在真實的眼前發生，母親當時痛哭流涕，心想怎麼不是菩薩、不是耶穌，居然是這輩子從來不認識的蓮生活佛，於是把這件真實的感應，告訴身邊所有家人，蓮生活佛的加持是真實不虛的。

過了兩個禮拜以後，我們收到了真佛密苑的回覆信件，上面師尊親筆批示，加持的日期四月十二日，正是母親看見師尊加持的同一日，眾人無不稱奇，此後治療一切順利，也看見事後師佛文集中，寫著這件事的經歷。事過了十多年至今，母親的身體比以前都還要好，一切都要感恩師佛的加持。

問：修法的「祈請文」重要嗎？

盧師尊答：

「重要！重要！重要！」

祈請就是包括啟請與祈求。

行者要誦《金剛經》時，馬上有一句重要的話，寫在前頭。

「若有人受持《金剛經》者，先須至心念淨口淨身業真言。然後『啟請八金剛四菩薩名號』，所在之處常當擁護。」

所以，

我們修法之前，當先唸「祈請文」。

我舉例：

我們常念的「發願文」或「讚偈」，也是等於「祈請文」的。

要念〈普門品〉時，念：

「稽首三界尊，皈命十方佛，我今發宏願，持誦普門品，上報四重恩，下濟三途苦，若有見聞者，悉發菩提心。」

我最喜歡「叩鐘偈」，先唱：

蓮因鐘聲超法界，鐵圍幽暗悉皆聞。
聞塵清淨證圓通，一切眾生成正覺。

行者要念「楞嚴咒」，要先祈請：

南無楞嚴會上佛菩薩。

妙湛總持不動尊，首楞嚴王世希有。
銷我億劫顛倒想，不歷僧祇獲法身。
願我得果成寶王，還度如是恆沙眾。
將此深心奉塵剎，是則名為報佛恩。
伏請世尊為證明，五濁惡世誓先入。
如一眾生未成佛，終不於此取泥洹。
大雄大力大慈悲，希更審除微細惑。
令我早登無上覺，於十方界坐道場。
舜若多性可銷亡，爍迦羅心無動轉。

（再啟請）

南無常住十方佛，南無常住十方法。
南無常住十方僧，南無釋迦牟尼佛。
南無佛頂首楞嚴，南無觀世音菩薩。
南無金剛藏菩薩。
（最後才誦楞嚴咒）

我（盧師尊）每天晚上睡覺，我一定會先「祈請」我的本尊及護法。
最後，才觀修「眠光法」。
我唸：
往生淨土，超生出苦，南無阿彌陀佛。（本尊）
啟發智慧，得大法力，南無瑤池金母。（本尊）
發大誓願，護持佛法，南無地藏菩薩。（本尊）
南無三十六萬億，一十一萬，九千，五百，同名同號阿彌陀佛。
南無護法時輪金剛、南無護法大威德金剛。
南無護法不動明王、南無護法大力金剛。

南無護法虎頭金剛。

接著修：

「光明傘蓋」照定我身。

「讓」火燒我肉身成灰。

「養」風吹我「舍利灰」入於虛空。

「康」空了自己。（無我）

（三字明咒）

我的光明，融入虛空的光明，小光融入大光，光光相會。

最後入「深眠」中。

…………。

我告訴大家：

我的「眠光法」，是訓練我自己往生時的修法，也一樣要先啟請，先與本尊連結。

我平時就要準備「往生」，免得時候到了，手忙腳亂。善哉！

茲列一信，證明「祈請」的重要：

最最敬愛的師尊：

今天直接交作業給師尊，因為昨天有些插曲。

蓮彥上師一直很照顧我，她昨晚送我防熊口哨，再三要我答應她：從此不再半夜去生基那裡，很危險，別讓人擔心。（她希望我清晨去，比入夜安全）

我本來想，完蛋了。但山莊的佛菩薩跟我和蓮壢說，祂們會加持我們順利成行。因此我們照祂們指示的方式和時間，躲躲藏藏偷溜出山莊。（我對上師食言了，心裡很記掛，但蓮壢一直叫我別想、別怕）

一路下小雨。我們到了師嬤菩薩前面的草坪，放下供品。這次的修法，以蓮壢的靈感來主導。他在出發前就有靈感，要祈請「大手印傳承」。

他唱誦師尊寫在第五十一冊文集《無上密與大手印》中的大手印祈請文：

多傑。羌欠。帝洛。那諾。當。瑪爾巴。米勒。卻傑。甘波。巴。杜松。歇加。根遷。噶爾瑪。巴。缺希。衝絕。覺巴。則浪母。當。耆達。擦松。巴登。著巴。索。薩浪母。洽佳。缺拉。阿力。伯。亮妹。重棍。達波。

噶舉。拉。索爾哇。得索。噶居。喇嘛。朗母。覺巴。爭羅。浪塔兒。欽結。
落布。興洛。貢傑。岡巴爾。松巴。興。塞落爾。貢拉。洽興。麥巴。當。
側德爾。董塔。缺白。貢遷。拉。念歌爾。險巴。麥巴爾。欽結。落布。
母格。供結。果哇爾。松巴。興。勉阿。得歌。冤白。喇嘛。拉。娟都。
索哇。得柏。貢遷。拉。絕麥。母格。結哇爾。欽結。落布。掩麥。貢結。
喔歇。松巴。興。敢俠爾。朵白。哦哇。索瑪。得。瑪傑。得嘎爾。窘白。
貢遷。納。貢甲。落當。渣哇爾。欽結。落布。朗母多。哦哇爾。卻固。
松巴。興。結漾。馬英。結漾。洽哇。拉。瑪嘎。諾巴。洽外。貢遷。拉。
科得。也爾麥。朵巴爾。欽結。落布。

中文版是：

金剛總持帝洛那諾巴。
瑪巴密勒法王甘波巴。
遍明三世所知噶瑪巴。
四大八小授持傳承者。
則打澤派具德竹巴等。

得甚深道自在大手印。
達波噶舉無比度生力。
至心啟請口傳諸上師。
持有傳承記述祈加持。
教言脫離貪慾大印足。
於諸飲食財寶無繫念。
捨棄世間貪網而正修。
無著利養恭敬祈加持。
教言堅志精進大印身。
隨所顯現了達如如性。
住於任運不整勝修中。
所修離心至誠祈加持。
教言妄念體性即法身。
所顯非真宛然而顯現。
了達幻有不滅之勝修。
證知輪涅不二祈加持。

（中藏文皆出自師尊文集）

（這是傳承的祈請文，大手印的祖師全部包容在內。）

他在唱的時候，我們同時覺受到巨大的磁場，跟空行母靈氣和大圓滿傳承的溫暖靈氣不一樣，對我來說，形容起來是既渾厚、清冷又寧靜。

然後，在師嬤菩薩前面的那片天空中，天空亮了一下閃電。同時颳了一陣風、雨勢變大。接著我看見金剛總持的曼陀羅。

（我的靈覺仍舊看不清楚，但直覺知道畫面如此）那是個圓形的大曼陀羅，中央是深藍色的金剛總持，周遭圍繞著穿白衣的瑜伽士祖師爺，最外圈則是歡喜的空行母們。曼陀羅的背景是點點星光。

祂們告訴我：

＊過去的我，和大手印傳承的連結不深，今日起，我跟祂們的連結將開啓。

＊祂們給我的息災大法，關鍵就在「捨」字。

＊如果蓮塷的名字「措其嘉措」，其意義是「法海」，那麼，我就是海上為他照亮指路的明月之光。

蓮壢則感應到金剛總持、以及空中巨大的法流。他在修法中，會自動做出金剛總持手印。

他唱完傳承祈請文後，請我用「空行母語」幫他唸這段話，傳達給空行母眾：

祈請空行母護持
於此蓮花淨土中
成就悉地聖境地
我，調伏持明法王海（Dradul Rigdzin Chokyi Gyatso）
亦號釋蓮壢
祈請諸方寂忿空行空行母
偕同戰神（dralas）、護法龍神
祈請降臨賜護持
願正法永得保存
迅速賜予諸悉地
圓滿如意蓮生活佛宏願

我用空行母語唱完之後，心裡明白，我也會護持他。

然後，我們供養供品（包含五肉五甘露的內供養）給金剛總持及眷屬、地神眾，祈請成就無上悉地。

供完以後，蓮壢唸他自己寫的迴向文：

向三世諸佛的化身——無垢金剛光明大蓮華童子蓮生活佛致敬

向一切有情眾生之母——無人境崑崙之主，元始玉池大士金母致敬

向真佛宗傳承致敬

向大手印修行傳承致敬

向殊勝金剛密咒瑜伽士多傑札巴致敬

向天尊、空行母及護法神的祕密會眾致敬

我，德達堪布措其嘉措，在此偉大會眾前，誓願滅除一切外、內、密障礙。

願我，德達堪布措其嘉措，能夠持守真佛宗傳承，護持真佛宗密法。

觀見殊勝金剛怖畏尊，勝過一切外、內、密敵

願我，德達堪布措其嘉措，證得殊勝金剛名譽成就，如羅卓瓦多傑札巴般成就。嗨嗨嗖嗖！

做完這些之後，我們收工。（因為怕被發現，所以趕時間）收工後，天空中的雲竟然往旁邊散開，露出一片圓形的清澈夜空，星光熠熠，和我所看見的金剛總持曼陀羅一樣！

回山莊以後，我們把另一半的供品拿到金剛明王殿，供養護法地神，酬謝祂們幫忙。

我們發現，法流持續存在，我和他都沒有受過師尊的金剛總持灌頂，但是我回來之後發現，一做金剛總持手印，祂的法流馬上就來。而且，上面的大手印祈請文，我唸起來也有了感應。

我們試著加唸「嘎瑪巴千諾」，但沒有覺受。我們推敲出來的理論是：

＊我們所見的金剛總持曼陀羅，跟現世的白教傳承無關，而是虛空祕密傳承。

我在金剛明王殿接收到以下訊息：

*在大圓滿傳承中，空行母是「顯」的；也如同妻子。

*在大手印傳承中，空行母是「隱」的；祂們是虛空，也是誕生一切諸佛菩薩的母親。

*我要在祂們的傳承中學習，成為眾生、眾弟子的母親。因為是虛空，才能涵融一切、成為萬有之母。

*把我的捨身法修到極致，將我的心融入眾生的心，轉識成智，就能息災。

蓮壢接收到大威德金剛給他的訊息：

*你就是我，我就是你，你有我的外相，而且你身體裡有金剛總持曼陀羅。但是，如果你要發揮曼陀羅的力量，就要修氣脈點。因此，你要馬上去求「大威德金剛二灌」。

以上心得報告交作業，再次感恩最最最敬愛的師尊！

涵予與蓮壢頂禮

二〇二四年十月二十七日

盧師尊，自己寫的「蓮華生大士」祈請文，如下：

我（盧師尊）向「蓮師」啓請與敬禮：

敬禮遍法界的蓮華生大士。

敬禮莊嚴無比的蓮華生大士。

敬禮法力無量的蓮華生大士。

祢知之，

我知之，

佛知之，

祢是完美的上主，是喜樂圓滿，是救度眾生的化現。

祢是從本初走向無量的未來。

祢象徵大圓滿、大手印、大威德、大勝慧。

祢是整個智慧，是無上的。

祢可以消除眾生身、口、意的業障。

祢斬斷吾等的煩惱執著。

我（盧師尊）讚頌偉大利生的蓮華生大士。

我願意到祢的悉地。
我願意依教奉行。
請賜我大力弘教度眾生。
請加持我證圓滿果位。
嗡阿吽。班雜古魯。貝瑪。悉地吽。些。

問：「無智亦無得」是什麼？

盧師尊答：

有一位弟子，喜讀《心經》，每每讀到「無智亦無得」他就茫然了。

無所得，他明白，因娑婆世界的眾生，空手而來，空手而去。

沒有人能得到什麼，故，知之。

但，

什麼是「無智」？他來問我。

我如此答他：

智慧分三等：

一、根本智。

二、分別智。

三、一切種智。

另，法相宗所立「如來有四智」，大圓鏡智，平等性智，妙觀察智，成所作智。

（有言五智是加上「法界體性智」）

還有再細分的「八智」、「十智」、「十一智」、「二十智」、「四十八智」、「七十七智」。

我也曾說過：

「要成就佛果，須要二個翅膀。一個是智慧，一個是禪定。」

但，

我（盧師尊）仍然要告訴你，當《金剛經》提到，「法尚應捨，何況非法」。

又：

「如筏喻者」。

這就是說，你乘著「智慧」的船，已到達彼岸的時候。

你這船還須要嗎？

也就是成就了「無上正等正覺」之後，智慧是船，是工具，是可捨棄的。

一切智慧圓滿的人，等於是沒有智慧的人，是一樣的。

我們俗語有一句話：「大智若愚」，正是這句話了得。

根本智就是真空智。

「空」「無」是無上智慧。

但，不是白痴！

真正每分每秒都在「禪定」的人，他是不知道禪定的「無禪」。

真正「智慧」如海，無止盡的人，就是「無智」。

最高的禪定是「無禪」。

最高的智慧是「無智」。

你如果再問下去，我會回答：

「不可說！」

（幻人問幻人，仍然是幻）

一切皆「無所得」，「智慧」也在其中。一切的一切，全在其中。

我又有一個比喻：

有人問我，盧師尊到了佛國淨土，還要守「五戒」嗎？

我的回答是：

「不用守戒！」

為什麼不用守五戒？

因為根本沒有「殺、盜、淫、妄、酒」。

一、佛國淨土無三惡道，無畜牲道，根本沒有「殺生」的行為。

二、佛國淨土遍地是黃金、七寶，根本沒有「偷盜」的行為。

三、佛國淨土並無男女性，單一佛性，根本沒有「邪淫」之事。

四、佛國淨土人人清淨，身口意清淨，沒有「口業」之事。

五、佛國淨土飲食自化，全是甘露，根本沒有喝酒的行為。

如此，

根本不用守五戒，也沒有犯戒之慮，也不用清淨自守，因為本來就清淨。

「清淨」這二字，根本不存在。

佛國淨土全是善人。

由此，可以證知：

到了智慧圓滿的時候，智慧這「二字」可以不用。

因為「法爾本然」。

例如：
「如來」。
「無上正等正覺」。
「佛陀」。
這三個名詞，是廣大而無邊際的，是述說不盡的，不可限量的，過去、現在、未來，也講不完的，完完全全的不可思議，一切一切是平等三昧。
我寫二首詩偈：
八旬老僧風霜飽
不說閒話也無聊
寫起文章談佛理
只因自在學逍遙

隨人起得早
隨人看清曉
世上文物舊

一朝又一朝
就算無言語
心中自然了
哈！

問：「虛空」有多大？

盧師尊答：

問的人，聽我說法，說我能「融入虛空」，故有此問題。

我的回答是：

「大而無外，小而無內，不離方寸。」

有人說：

「三千大千世界。」

另有人說：

「恆河沙數。」

科學家說：

「一百個太陽系。」

還有人說：

「不可量，不可測，無有邊，無盡藏。」

學佛者說：

「不可說。」

有一個讀《維摩詰經》的人說：

「維摩詰大士的方丈室，再多的東西，都可以容得下，維摩詰的方丈室等於虛空。」

有人說：

「空與無。」

更有人說：

「你問我，我問誰？」

又說：

「上帝知道。」

又說：

「佛陀知道。」

又說：

「阿拉知道。」

我（盧師尊）最後對問的人說：「無念」。

對方反問：

「無念有多大？」

我答：「無念無大小！」

從宗教的觀點來看虛空：

道曰：

「天圓地方。」

（天是圓的，地是方的。）

另有「女媧氏」煉石補天，天破了一塊：「女媧補天」之說。

《聖經》記載：

《創世紀》第一句話：「起初上帝，創造天地。」

（創造論的開始，有別於進化論）

佛教（《原人論》）：

「人是由光音天來的，光音天是二禪的最高天。」

另有三禪天、四禪天。

釋迦牟尼佛的「虛空宇宙觀」是最宏觀的，最無邊際的。

例如：《阿彌陀經》記載：

「佛告長老舍利弗，從是西方過十萬億佛土，有世界名曰極樂。」

也就是向西方，經過十萬億的佛國淨土，才到極樂世界。

（十萬億佛土，根本無法想像）

另，《維摩詰經》記載：

「維摩詰即入三昧，以神通力，示諸大眾，上方界分，過四十二恆河沙佛土，有國名眾香，佛號香積。」

也就是上方世界，經過四十二恆河沙的佛土，有一個眾香佛國。

（天哪！四十二條恆河，無止盡的恆河沙佛土，才到了眾香佛國）

這也是虛空無限了罷！

（這就是虛空無盡）

但虛空無量，要到這些佛土，一念可達。

西方極樂世界：
一、要有善根。
二、一心不亂念佛。
（不離方寸）
香積如來佛土：
維摩詰居士，變化出一個「相好光明」的化身菩薩，升入上方，一剎那就到了「眾香佛土」。
也是一念之間。
所以我（盧師尊）說，虛空雖然廣大無邊，但，不離方寸（心）。

盧師尊寫詩偈：
唯心唯識誰意會
無念虛空真法旨
任運自在三昧里
八句老僧有化無

一鉢千家飯
萬里走風沙
胸中無一物
一朵白蓮花

東南西北都是家
佛土隨時皆可達
舉手遮滿虛空界
舉足已至天之涯

寫詩無文句
唱頌沒絃琴
若能悟至此
只剩一心靈

問：第一富豪法是佛法嗎？

盧師尊答：

「什麼都是佛法，所以，第一富豪法是佛法。」

我曾傳授：

「聖觀音第一富豪法」，被人批評：「這不是佛法。」

我說：「是佛法！」

他說：「不是佛法！」

何者才是對？

我（盧師尊）如此回覆：

釋迦牟尼佛說，善男子，「有盡無盡」的解脫法門，汝等當學。

什麼是有盡，就是世間法。

什麼是無盡，就是出世間法。

前者是「有為法」。

後者是「無為法」。

釋迦牟尼佛認為：

菩薩是不斷除有為的緣起界，也不住無為的理法界。

菩薩不離大慈大悲，以「四攝法」常順機緣去利樂眾生。

「四攝法」是依眾生根器，與眾生「同事」，隨順去度化眾生。

眾生愛財。

（先以欲勾牽，再令入佛法）

菩薩度眾生，同於凡夫，但，菩薩以一切智，觀法自如，如此教化眾生。

又：

菩薩只有「無為法」猶如：

無韁之馬。

無舵之舟。

很容易落入「頑空」的。

真正的大菩薩，上求佛法，下化眾生，心常安住，一切功德，心無所著。

只是隨緣方便，迴自向他，迴事向理。

所以「第一富豪法」是：

「有為法」。

「緣起法」。

「世間覺」。

「生死法」。

但，也是佛法，是「方便隨緣」度眾生的法之一。

如密教「四大財神法」等等。

我曾說：

人間的財神是山神土地。

海中的財神是海龍王。

天上的財神是四天王。

我實實在在的告訴大家，佛教中的真正最大的大富豪是諸佛菩薩。

佛菩薩所建立的佛國淨土，全部都是稀世珍寶。

祂們才是「天下第一富豪」。

我舉例說明：

《阿彌陀經》中明白記載：

「極樂國土，七重欄楯、七重羅網、七重行樹皆是四寶周匝圍繞。」

「七寶池八功德水，池底純以金沙布地。」

「階道，金銀瑠璃玻瓈合成。」

「樓閣七寶嚴飾。」

「天有天樂」。

「黃金為地」。

……。

另有「十六觀」。

這就可以證明，佛國淨土，全是天下第一富豪的佛菩薩所建立的。

問：「哪吒三太子」也護持佛法嗎？

盧師尊答：

我曾讀《封神榜》一書。

「哪吒三太子」出自《封神榜》的書中，《封神榜》是道士「陸西星」的著作。

當時，李靖有三子：

太子「金吒」拜「文殊廣法天尊」為師。

二子「木吒」拜「普賢真人」為師。

三子「哪吒」拜「太乙真人」為師。

「哪吒三太子」從出生到成為「元帥」，很多戲劇性的發展。

在台灣，很多宮廟祭拜「太子元帥」，也有單獨的廟。

「威靈顯赫。」

我記得「民間信仰」中，「哪吒三太子」也有祈請文：

大義是：

「天靈靈，地靈靈，哪吒三太子降來臨！」

又唸：

「手握乾坤圈，又持火尖槍，腳踩風火輪。」

又唸：

「上山擒猛虎，下海捉蛟龍。到人間救萬民，唸唸如律令。」

…………。

在《封神榜》中，哪吒三太子的故事，非常精彩。有一回，魂魄無依，哭訴其師。太乙真人，取蓮花根葉，用神術，使魂魄依附在蓮花之上，因此，哪吒三太子變成三頭六臂的「蓮花童子」。

這些故事，類似「蓮華生大士」在屍陀林中，收服屍陀林主，把屍陀林主，轉化成「普巴金剛」。

從此，守護佛法。

我（盧師尊）初學道法，與「哪吒三太子」有一段因緣。

我收了一個弟子。（姓黃）

這「哪吒三太子」竟然附了他的身，跟我談起因緣果報。

祂說：

「盧師尊，我們命運相同！」

我大駭。

祂接著說：「您被父親棄養，我也是被父親棄養。」

祂又說：

「盧師尊，您是蓮花童子化身，我也是蓮花化身。」

再說：

「我出生時是一團肉球，您出生時白紗纏身。」

「我成了姜子牙的中壇元帥，您們盧家的祖先，就是姜子牙。」

我聽了聽。

果然。

哪吒三太子成了五營兵馬的中壇元帥，威風八面。

我盧師尊成了佛教（真佛宗）的創辦人，獨樹一格。

哎！這是怎麼一回事？

我這一生，又是寫作，又是畫畫，又是修法，又是傳法。如此的勤奮努力，不是三頭六臂，又是什麼？

寫到了八十歲，還寫不完，傳法到了八十歲，也沒退休。

我還「身外化身」，變化出千百萬億的盧師尊。（哪吒三太子還來皈依我）

附：有關「哪吒三太子」的信

親愛的師尊師母：佛安

弟子蓮花凱富，筆名小陶子，是在今年五月，西雅圖共修時，師尊點名三太子在我身上的鹿港弟子；三太子會與我結緣，一切緣起來自師尊親臨我家壇城加持並給予九字真言大法灌頂開始，蒙受師尊指引明燈，弟子才不至於迷失自我。

哪吒三太子降在身上的時候，因為弟子一直都是修持真佛密法，非常排斥，也認為祂是虛構的，直到祂告訴我：「《封神榜》、《西遊記》有真有假，為的是戲劇張力。」

祂又說：「吾並非虛構，你信佛，就去找《大藏經》，有一卷經：《毗沙門天王隨軍護法儀軌》，又《高僧傳》，吾曾護持並送佛舍利於道宣律師。」查完大駭，果有記載，這些是我之前完全不知道的，是哪吒三太子告訴我的，而祂也希望，我能將祂送回「佛教寺院」，讓佛教徒知道，祂是護持敬師、重法、實修的行者之護法，不是專屬道教的。

我也並非全信，二〇一〇年請示師尊，確認真的是，哪吒三太子之靈，師尊也多次加持在我身上的哪吒三太子、羽毛童子太子爺，佛力加持，更顯神威，我才與之合作，觀察祂三年，祂也觀察我三年，最後才正式開設明化堂（師尊賜名，現已成立社團法人中華民國鹿港明化堂總會），濟世至今十四年。

去年其實也曾到西雅圖朝聖二十天，但因逢大法會期間，無福得以進真佛密苑請示師尊，為的是報告堂務及堂的未來方向；今年五月去西雅圖前，羽毛童子太子爺（師尊在台灣時賜名的太子，就是弟子一同請進去的太子金身）即說：「金身要跟著去。」我也是在出發前才決定要把金身帶去，但神奇的是，師尊在我們去的一個星期前就開始誦咒召請三太子，令我們感到很驚訝，也十分歡喜，師尊佛眼已觀察到三太子的降臨，也蒙福能進到密苑拜見師尊。

非常感恩師尊親傳中壇元帥三太子密法及灌頂，弟子後來查找哪吒三太子的資訊，發現《佛說最上祕密那拏天經》，有諸多三太子密法，如準提法一樣含納五部，希望師尊能夠普傳此法，利益眾生。

弟子此行也蒙受師尊點名，透過網路直播，許多同門都對我投以羨慕的眼光，認為弟子修的很好，但弟子有一個感想，因為師尊曾開示過：「人是從光音天來地球，吃了凡間的土，產生物質化身體回不去，這就是人類的來源，光音天人都是用光和音來溝通。」，所以自動書寫天文、開口講天語只不過是我們修行的副產品。

持修真佛密法主要是「讓我們過濾身體的雜質，使原來的靈性就顯現出來了」所以開口講天語，一點都不神奇，皆為三根本的加持：會講天語、寫天文的也不代表就是有來歷或修的好，但同門們開始追求這樣的奇異感應，弟子覺得好像偏離主軸了，既為人，講人間的語言就好了。

弟子也認為，天語天文，不是看其文字或聽其聲音，這些都沒有凡間邏輯可言，只有用「心」才能感受其要表達的「頻率」，就如同佛陀拈花，迦葉尊者微笑一般無需言語，佛以一音演萬法，眾生隨類各得解。

因此淑一師姐要弟子翻譯師尊唱的歌，依弟子愚見其實是聽到師尊的聲聲呼喚，而非當時幼稚園老師唱的意思，弟子試解如下：

「蓮花童子們啊、蓮花童子們啊、蓮花童子們啊，快醒來啊醒來啊，蓮花童子們啊、蓮花童子們啊、蓮花童子們啊，快醒來啊醒來啊，還在世間沉睡嗎？還在世間留連嗎？趕快醒來，我們手牽手，一起回天家去。」

若有誤解聖意，請師尊見諒。

最後，祈求師尊慈悲加持，明年西雅圖之行順利圓滿。

恭祝師尊

佛體安康

常住世間

常轉法輪

不入涅槃

愚弟子蓮花凱富百拜叩上

（盧師尊註：有關於「天語」的部份，那是天上的語言，其實也有多種，每個天的層次，語言均不同，但，亦有相似處。）

（又：更高層次的天，不須用語言，因為彼此有心通。也有用「光」來替代語言的，例如，「光音天」。）

問：什麼是「集氣加持」？

盧師尊答：

我先舉個例子來說明：

昔日。

佛陀的弟子「目連」，他就是神通第一的「目犍連」。

目連以神通，觀照到他的母親，往生後，在「餓鬼道」受苦。

於是目連以「神足通」，到了「餓鬼道」，去救他的母親。

目連給好吃的食物，餵自己的母親。

但，食物一到口，便化成炭火，反而燒燙了母親的口。

一次如此，次次如此。

母親哀嚎！

目連心酸！

目連回到娑婆世界，苦無良策，只好去求告釋迦牟尼佛。

佛陀告訴目連：

「以你一人的功德力是不夠的，必須集合眾僧的功德力，加上你的功德力，才能拔除你母親的罪業。」

後來，

目連集合了佛陀的弟子，加上自己，集體供養諸佛菩薩。集體誦經祈禱，設下了「盂蘭盆法會」。

因為「集氣加持」的力量。

最後才把目連的母親，從「餓鬼道」救了出來。

（盂蘭盆法會，中元普渡的由來，就是這樣來的）

拍成電影，就是「目連救母」。

這就是「集氣加持」了。

在我（盧師尊）處，每日求加持的人，甚多！

我的加持力來自於：

一、累世的修行功德。

二、三根本本尊的功德力。（瑤池金母、阿彌陀佛、地藏菩薩）

三、佛菩薩、金剛、護法、空行、諸天………。的功德力。

四、密咒力。（真言）

五、觀想力。（念力）

六、密印力。（手印）

七、三昧力。（宇宙意識法流）

八、身外化身力。（神變力）

又：

我（盧師尊）有「空行祕密傳承」，這種力量來自於「奧明天宮」，有十萬空行母及十萬空行勇父的傳承力。

又有東華帝君與瑤池金母。天游十二溪女、那延天五大女神。

六甲神將。

六丁神兵。

無數的天兵天將護持的力量。

運用了「大法力」、「大神通」、「大變化」來加持眾生。

（這也是集氣加持）

表面上看，我只是一個人在加持，而事實上是集合了「諸尊」的大力加持。

摩頂。

大悲咒水。

符籙。

九字真言（不動明王）法。

…………。（全是集氣加持）

附：紐約的「感謝信」

尊貴的盧師尊：

我們合家皈依「真佛宗」已經二年多。

我的女兒「蓮花梓庭」七歲。

二〇二三年底意外感染肺炎病毒細菌，在紐約 ICU 病房，用呼吸器和人工肺洗血二十多天。

她只是昏迷，勉強維持生命。

有二個晚上，情況危急，儀器表上完全不穩定狀況。血液含氧量一直無法上昇。醫師說：

「只有五成機會，可以存活。」

我們全家非常憂慮，感到無能為力了。

在紐約的「蓮者上師」、「蓮nine法師」做了火供（護摩），祈求佛菩薩加持。

也得到「蓮花妙筠」師姐的幫助，她去了西雅圖祈求盧師尊為女兒加持。

蓮花妙筠在紐約病房，面對女兒的冤親債主，對話。

冤親債主要求：

一、誦經迴向。

二、燒五箱金紙。

冤親債主說：「蓮花梓庭前世害我，我今世要她償命。」

於是蓮花妙筠師姐特別做「結界」，持「根本上師」心咒。

也集合眾同門師兄姐等在病房的床邊誦經迴向，持「根本上師心咒」。

這時：

看見盧師尊法身來了。

盧師尊給女兒摩頂加持。

又說：

「要堅強，不要放棄！」

奇蹟出現了！

從那天起，小女臉色轉紅，一天又一天的正常，儀器及導管都逐樣的拆除。

肺部血液裡的細菌，竟然愈來愈少，最後完全淨空。

醫師說：

「依我的經驗，昏迷二十天，指數那麼低，加上藥物的副作用，其後遺症，醒來會有腦損或器官衰竭。」

醫師說：

「神志（智）會不正常。」

就在女兒醒來的那一刻，醫師及護士們看著女兒能和我們正常的對話。

一切神智正常。

全病房歡呼雷動。

醫師及護士們都很驚訝，都覺得無法解釋。

這是奇蹟！

這次的勝仗，醫師功不可沒，但如果沒有諸同門師兄姐的幫忙「集氣加持」，還有最厲害有大法力的盧師尊加持，小女不可能毫無損傷的復原。

真是感激！

真是感謝！

真是感恩！

祈求盧師尊永遠的慈悲加持！

我（盧師尊）寫一詩：

集氣萬境轉。
轉處現光明。
但願人常久。
快樂永無憂。

蓮花詩雅

二〇二四年十一月十五日

問：什麼是「如是」？

盧師尊答：

曾經有人問我：

「什麼是如來？什麼是如去？」

我答：

「簡單的說，如來就是『好像有來』，如去就是『好像有去』。事實的真相是無來無去。」

（如來、如去，是佛的代稱。是不可思、不可議，含義是講不完的）

而經典中的「如是」，我的回答是：

「就是這樣！」

「好像是！」

「就是。」

（事實上，其含義，廣大無邊）

我舉個例子吧！
人問：
「誰是盧勝彥？」
我答：
「我就是盧勝彥。」
這個「盧勝彥」其實只是「姓名」，他的實性是每一天都在變化。
嬰兒期、少年期、中年期、老年期。
我們的細胞，每天都在增加或減少，身體也是象徵性的。
（每張照片，從幼到老，張張不一樣）
我們的生死，如夢、如幻、如電光、如石火，只不過是「一時」而已。
想一想。
非常虛幻。
所以有思想的人，會常問：
我生前是誰？
我死後是誰？

（生從那裡來？死向何處去？）
來這世界做什麼？
活著的意義是什麼？
所以，
只能說：「如是。」（好像是）
我們每一個人，不一定認識自己。例如「失憶」的人，他連自己都不能認識自己了，何況自己的家人朋友。
失憶的人，自己都不識，父母兒女全忘，他又是誰呢？
所以是：「如是。」
我再舉一個真實的例子：
我的父親年歲大了，有一回，忽然「失憶」。
他忘了自己姓啥叫啥？
忘了自己的家住何處？
他騎著腳踏車，竟騎到「彰化」去了，他找不到「台中」的家。
好心人士，把他送到「警察局」。

他身上也沒證件。

警察問他，一問三不知。

警察叫他想一想，他才想起，他有一個兒子，寫了很多書。

警察問：「你兒子叫什麼姓名？」

他也忘了！

其中有位警察說：「有一個人寫了很多書，這個人就叫盧勝彥。」

我爸爸一拍腦袋：「對了！我兒子叫盧勝彥。」

最後，警察打電話給「台灣雷藏寺」，請人接走我爸爸回家。

（那時，我在美國西雅圖）

試問：

失憶時，誰又是誰？如果連自己也忘掉了，姓啥叫啥，你又是誰？

我有一個弟子，住中國四川成都，他寫來一篇文章，頗有見地。

文章如下：「誰是誰？」

師尊在書中記錄了很多的過去世，在不同的時代，不同的身份，變化甚多。

也曾在同一時代，同一國度應化為兩個不同的人。
比如唐代帝王李世民和玄奘大師，雖同一時代，卻也可能都是師尊應化。
到底哪一位是真正的師尊？

影視劇中，常有失憶的橋段。
主人公意外失憶，忘記了戀人，也忘記了自己的一切。
當失去記憶，我不記得我，那我還是我嗎？
影視劇裏，還有另一個橋段。
主角的靈魂穿越到另一個地位顯赫的人身上，取代了原本的他，同時也擁有了他的記憶。
融入了他人的記憶，那我會是他嗎？

由此，我開始思考「記憶論」。
當我失去了記憶，我便不是我。

當我擁有了不同的記憶，那我便是每一個人。
當我因為記憶才成了我，那麼到底我是誰？到底誰是我呢？
類似的，還有「瓶子論」。
一個玻璃瓶，裝滿可樂，便是一瓶可樂。裝滿橙汁，便是一瓶橙汁。
當玻璃瓶裏什麼都沒有的時候，誰又是橙汁？誰又是可樂呢？

終於有一天，在「記憶論」和「瓶子論」中發現，我並不是我，我也不是任何人。
或者說，我可以是任何人，玻璃瓶也可以是任何的飲品。
沒有了世俗的記憶，沒有了瓶子與果汁，我才是我。
融入了不同的記憶，你就是我，我就是你。
終於我明白了，師尊是唐太宗李世民，也同時是西天取經的玄奘法師。
沒有矛盾，只有融合。

融入。

我好似發現了大祕密。

我的瓶子洗乾淨，裝滿師尊的靈氣，我便是師尊。

裝滿阿彌陀佛的靈氣，我即是阿彌陀佛。

裝滿大日如來的靈氣，於是我為大日如來。

終於有一天，當不再被任何記憶所束縛，打破了玻璃瓶，或許我才是真正的大日彌陀盧師尊。

可如今，我還是我。

被記憶束縛，被瓶子囚禁，被五蘊六識牽纏，一行一言乃至一念，皆非真我，故造業不止。

待擺脫束縛，打破囚禁，全然燦爛光明時，與大日彌陀華光蓮生恆在。

後記。

弟子體悟，當下的我，唯有嚴守戒律，實修真佛密法，行菩薩六度萬行，方是正途，才能真正擺脱束縛，打破囚禁。

一心祈請聖尊法王大持明金剛上師還淨、加持。得令弟子返歸本來面目，燦爛獨耀。

（弟子蓮遵中國四川成都。願以此文供養聖尊）

問：「大乘佛教」如何修？

盧師尊答：

我個人對「小乘」、「大乘」、「金剛乘」，無分別心，也就是敬重三乘。

小乘（自度）。

大乘（度他）。

金剛乘（直接化佛）。

要修「大乘」，「大乘佛教」強調的修行法門就是「六波羅密」。

六波羅密出自《增一阿含經》。

「波羅密」的意思是「到達彼岸」。

我喜歡說：

「大乘佛教」是「菩薩乘」，也就是「覺有情」的教導。

主張自覺又要覺他，菩薩是為他人想，不為自己想的。

（犧牲自己，拯救眾生）

修法分「六度」：

一、佈施——財施、法施、無畏施。

財施就是以金錢助貧苦疾厄之人。

法施就是以佛法去度眾生。

無畏施是犧牲自己的生命時光，平等無分別的幫助眾生出苦海。

二、持戒——守護佛教戒律。

律儀戒是「行、住、坐、臥」都合乎佛陀的教化。

攝善法戒是自己守戒，並以善法去利益眾生。

饒益有情戒是廣修十善，利益群生。

三、忍辱——分生忍、法忍、無生法忍。

生忍是忍受他人怨恨、誹謗，並以此度化他人。

法忍——忍一切修法過程的種種苦，如疾病、肉體折磨、寒、熱、飢等等，不退修行的心。

無生法忍是明白「苦」、「空」、「無常」、「無我」的真理，如如不動。

（是不動不退果位）

四、精進——分「斷精進」、「修精進」、「求化精進」。

斷精進是勤斷一切惡念及惡習。

修精進是勤修一切善行。

求化精進是上求佛果、下化眾生，努力而不懈。

（六波羅密的修行法門，每一項都是要精進的）

五、禪定——分身定、口定、意定。

身定是閉目反觀自身，有沒有犯過。

口定是反觀口之業障，是不是犯口業及保持寂然與靜默。

意定是觀察自己的心念，做到清淨無染，始終保持著正念。

（身、口、意能夠專一，進入三昧）

六、智慧——分根本智、分別智、一切種智三種。

根本智是一切眾生及物質世界，畢竟是空。

分別智是由於因緣而產生了不同的根器，善於分別各種智慧，去度化眾生。

一切種智是出世覺、入世覺，都能清楚明白而應用之。

我盧師尊認為：

大乘佛教的修行，這六度是度化：

慳貪、毀戒、瞋恚、懈怠、散亂、愚痴。（救眾生，達彼岸）

問：如何是「空行聚會處」？

盧師尊答：

由於盧師尊有「空行祕密傳承」，因此，知道何處有「空行聚會」的地點。

我知道，在美國華盛頓州「表爾威市」，一百四十街，向北走，有一處。

在「彩虹山莊」我做生基的地方。那是「空行聚會處」該處有：

尊勝塔。

觀音像。

蓮花童子像。

舍利塔。

（我知道的有二處，另外尚有其他地方）

「空行聚會處」如何辨別？

我說：

一、其地點靈氣很重，是好的風水寶地，藏風聚氣。

龍、穴、砂、水、向。全部具足。
背面有靠。
前面有照。
兩旁有抱。
照中有泡。
二、大部份是「人跡不到」的地方，避開人煙稠密之地。
例如：墳場、高山頂、曠野、河畔、森林、野地。
空行聚會處，不會被俗人干擾。
三、空行聚集處，祂們聚集有一定的時間。
有「聚集日」。
大部份在深夜，人們都睡著了，祂們才會聚集。
四、聚集時，來的「空行」，大部份是「空行仙」。地居天的天人較多，
當然佛菩薩也會降臨。
大成就的金仙、天仙，也會到。

另外：

天龍八部。

神鬼部眾。

…………。

（基本上，祂們都具備了「空行」的能力，能夠在虛空中飛行）

五、能夠去參與「空行聚會」的人，這種人不是很多。

重點是有「根器」，他她的過去世，是來自於「空行母」或「空行勇父」。

甚至來歷甚高。

具有靈氣，能通靈的人。

具備「通力」的人。

他她能說「天語」（空行語），能唸「召請文」，能唱「天歌」，甚至能寫「天字」，這些人能和「空行」交流。

六、參與的益處。

據我所知，到了「空行聚會處」，修行人的利益甚多。

受到「曼陀羅」的灌頂加持。

打開「過去世」的記憶，心開意解，一剎那之中，得到「宿命通」，及其他「通力」。

明白行者業報，頓時淚流滿面，得到真實的懺悔。

得大樂。

得光明。

得空慧。

彷彿一個人全變了，變成身、口、意清淨的人，其不可思議，非筆墨能形容。

（我以一信，證明如下：）

頂禮尊貴無上法王根本上師蓮生活佛！

師尊，弟子蓮喜去彩虹山莊做生基師嬤菩薩的空行聚集點和BELLEVUE 一四〇街 SUNSET HILLS MEMORIAL PARK 墳場空行母聚集點。

二〇二四年十一月十八日星期一弟子早上修完同修後大約十點前過去。當時天氣稍微有點秋後迎冬的小寒風，偶爾陰晴毛毛小細雨，弟子與蓮員法師一起帶上供品一路走過去。弟子擺好供品點香向師尊佛像和師嬤菩薩佛像頂禮做供養，再向師尊佛像，師嬤菩薩佛像、尊勝塔、舍利塔做七圈繞佛持咒，繞完弟子回到師尊佛像面前師尊法身顯現在虛空中，弟子開始頂禮口中就呼喚著，師尊、瑤池金母（天女形的金妮瑤池金母）、阿彌陀佛、烏金拉姆宮五大佛母和眷屬、師嬤菩薩、很多主尊，還有彩虹山莊的水子靈都來了。

空行母懇求師尊和瑤池金母大神通力救出被捆住出不來的山靈眾（山靈眾──弟子看見是山林裡面的生靈眾）瑤池金母清淨祂們，這些靈眾跪拜感恩頂禮師尊瑤池金母和阿彌陀佛，一直哭著說等師尊等了很久很久，祂們在這裡日曬雨淋寒冷孤苦……當時弟子聽了非常慚愧有了法身和空行母都一直沒有來過，弟子懺悔說對不起祂們，空行母帶著祂們唸《佛說阿彌陀經》接引往生。空行母看見有些靈眾是犯戒把祂們綁著，要祂們講述過錯向佛懺悔才可以上法船。

弟子走向師嬤菩薩佛像那裡，師嬤菩薩顯現觀音相讓弟子親眼看見，水子靈也出來說感謝師尊接引祂們在這麼好的地靈歸宿，感謝師嬤菩薩帶著祂們長大和修行，水子靈說很快樂很開心。

師尊法身加持所有空行母對空行母說：救咕嚕唄，永護咕嚕唄，愛咕嚕唄。叫弟子要去一四〇街壇場。

蓮員法師寫給我的心聲：感受到很大的一股加持力，內心產生很大的懺悔心，淚流滿面，心裡突然領會到弟子與師尊的距離從來不是身體的距離而是心的距離。

二〇二四年十一月十九星期二，天氣預報下午二點會有強大的颳風，弟子還是決定去，還邀請了蓮彥上師和蓮員法師一起陪同，約好四點半出發買鮮花供品。

弟子在出發前先去頂禮壇城稟報，突然師尊的銅佛相變成蓮華生大士的臉，弟子覺得是不是走神眼花，眼睛睜大一點再看，竟然恢復師尊臉，可是會笑誒，還對弟子說我會和妳在一起。

蓮彥上師開車在壇場繞了一圈看停在那個點適合，當弟子下車空行母就帶著我走找到聚集點，空行母把我定在那個點就開始稱呼禮拜；瑤池金母（是西雅圖祖廟的瑤池金母）、藥師佛、師嬤菩薩、阿彌陀佛、五大佛母、尼古瑪、還有很多空行母，弟子在祈禱和接受加持的時候，蓮彥上師和蓮員法師走過來擺完供品，她們開始合掌接受加持和祈禱，沒多久蓮彥上師講出天語和唱天歌。

師尊法身在那裡還親臨指導虛空的空行母修法灌頂，法喜充滿，大樂無比，當時的天氣是閃電交加，狂風小雨，真的很適合此時的場景。

師尊法身變化大力金剛在弟子身上降伏那裡的無形大力鬼，虎頭金剛降臨弟子身上降伏無形野獸。然後給祂們做了四皈依，還引導一些靈眾唸佛再接引往生淨土。

師尊法身講述蓮員法師的習性缺點然後囑咐法師修行的正道觀念。（內容不公開）在弟子身上變化三角形金剛杵開腹穿心的穿入蓮員法師身體咬出業障靈，再把業障靈接引超度。

師尊法身從弟子口中說出：蓮彥上師內心的無明我執要放下（內容不公開），師尊法身從弟子口中說出：是師尊、佛菩薩、佛母的加持下，消業清淨讓妳恢復記憶說天語、開天眼。（蓮彥上師說在三天前夢見蓮喜和李敏跟著師尊，師尊的手放出很強烈的白光加持她的天心）

師尊法身對弟子說；妳是降靈姑、引靈姑，要難行能行，只要妳願意出來引接眾靈，就一定給妳加持灌頂，變化不同主尊下降，拔除業障，去除無明我執。

然後空行母讓弟子三人在師尊和佛菩薩面前跪拜頂禮，而且是有很特別的動作儀式，就這樣非常快樂圓滿的結束。

師尊，愚弟子只是簡單講述當時有這些狀況，很多細節無法細說。真的是太不可思議了，感覺靈力很強，在師尊和佛菩薩的法力加持下，好像能把無形的神識引到自己身上渡化祂們，教祂們唸《佛說阿彌陀經》接引往生，師尊的法身和空行母在弟子身上會有這樣的作用。

弟子平時自己一個人修法時很多覺受，時常看到師尊法身在法界無形變化真的是威力無窮，師尊做法會的時候那種無形的超級大法力，從來不會漏掉一個眾生只有犧牲自己，為何瑤池金母那麼疼愛師尊？因為師尊可以犧牲自己加倍，加倍再加倍犧牲都要去救渡。那是自己的看見和覺受，自己不太會表達畢竟這是無形上的變化。可是這次是有蓮彥上師和蓮員法師親臨感受到，她們也起了很大的變化。

弟子覺得第一天師尊法身是賜予弟子傳承法流加持，弟子的想法請師尊加持指導：

1.救咕嚕唄——救傳承：愚弟子的想法是救傳承就是救自己。因為密行者皈依密教師父，根本上師就給佛的種子，密行者不是一皈依，不是淨信，不依止根本上師傳的法去修行，傳承自然沒有，自己沒能自渡，就等於沒有救傳承，所以每一位密行者能淨信根本上師，自渡自己就是救傳承。

2.永護咕嚕唄——永護傳承：密行者是以身口意供養根本上師，學習根本上師所傳的密法和聆聽根本上師的開示，閱讀根本上師的著作，每天修法唸經修行，上師本尊相應法相應，傳承加持力綿綿不斷，每一位密行者能以根本上師傳下來的法與著作心得和上師本尊誓願力去實踐修行成就自渡渡他，應該才算是有永護傳承。

3.愛咕嚕唄——愛傳承；密行者視師如佛，所以根本上師代表佛性，密行者就會懂得愛惜根本上師的一切，而且會很謙虛很精進的去實行根本上師傳給我們一切的法和儀軌，會發菩提心，行菩提願去修行，修成正果，見到佛性，這樣應該才算是有點資格愛傳承。弟子也覺得愛傳承也等於愛自己（自己是代表佛性）。

第二天弟子覺得師尊法身賜予：增長信心，增長願力，發菩提心。

愚弟子想應該是提醒自己修行要實行發菩提心，但方向還不是很明確。

也不太明白：降靈姑、引靈姑，是什麼意義？愚弟子請求師佛指導開解。

師尊，弟子星期三早上大約五點醒來精神很飽滿，天心看見天空宇宙，在無量光裡面充滿著七彩顏色的金光點，弟子感覺可以接納這些光點降在弟子身上，之後天心又出現藍藍的天空，中間一朵白雲，然後順時針好幾圈繞著一朵朵白雲，師尊法身說一心皈依根本上師，三十六位善神一定守護。師尊法身與弟子回憶講解兩天的遇境，可是弟子現在只能表達這麼一點點微不足道的小想法。

弟子不才請求師尊慈悲教導。

愚弟子蓮喜感恩跪拜頂禮南摩咕嚕唄傳承大祖師法王蓮生佛！

盧師尊說：

降靈姑——是可以召請諸尊下降的意思。

例如：

我們唸：

「心中諸內景，三萬六千神，願我心自在，常住三寶中。」

這簡單的召請，諸尊就會下降。

可以說：

心與佛，實無差別！

又：

引靈姑——可以接引眾生去學習真正的佛法。

例如：

昔日，觀世音菩薩、大勢至菩薩，接引「大威德王」。

二位菩薩勸說「大威德王」去見「金光佛」。而這二位菩薩也就是「引靈姑」。

（這段記載出自《本生經》）

降靈及引靈，原本只是一個名詞，姑是比丘尼也！

二〇一四年六月

問：「千艘法船」超度有失敗的嗎？

盧師尊答：

我仰仗「瑤池金母」的大法力，「諸佛菩薩」的慈悲功德力。

有這「二力」，少有失敗的。

因為要上法船，須具備二個條件：

一、須有善根。

二、一心不亂的念佛。

這二個條件，看起來很簡單，但，深思之，也有困難。

不能少善根，你少了善根，根本上不了法船，試問：

善人有多少？

惡人有多少？

又：能「一心不亂」的人，又有多少？「一心不亂」，一般的凡夫，很難做到。（那是禪定功深的人，才能一心不亂）

幸好有「阿彌陀佛」以「無量光」來加持，才能讓法船上的眾生，達到「一心不亂」的境界。

我這裡有個真實的例子，告訴大家：

M師兄逝世。

其家人囑我超度，我當然義不容辭的答應下來。

當晚，我就超度了。我修「千艘法船」，請M師兄上法船。

M師兄欲上法船時，其身旁，出現一女子冤魂拉住他。

女子冤魂有無上的冤氣，纏繞著M師兄，不准他上法船。

我一看如此，大吃一驚：

「冤魂何來！」

冤魂說：

「他生前，害我之命，我有黑令旗，誓必報仇雪恨。」

我說：

「冤家宜解不宜結，否則冤怨相報何時了？」

女冤鬼說：

「饒他不得，我已等他三十年了！」

「犯何業？」

「姦淫及殺業。」

我一聽，怔住了，我在法座上，對女子說了許多佛法。指出「世事如幻」，不可當真！講「苦」、「空」、「無常」、「無我」。說：「不用太執著。看開些！」

女冤鬼厲聲叫：

「我有實受，怎能不執著？他圖一時之樂，讓我喪命辱親，此等仇恨，不共戴天，你不能阻撓。」

我說：

「饒了他吧！」

她說：

「不！」

我說：

「當成一場戲劇！」

她說：

「我吃大虧！」

我說：

「扯平了吧！這是因果！」

她說：

「扯不平的，這也是因果。」

這位女冤鬼，和我鬧了一個晚上，雙方觀點不同，說來說去，就是不通。

唉！我想起了一句話：

清者識之以為聖。

濁者見之以為淫。

貪者不慎將有損。

妄者不成終是害。

…………。

第二天，我找來M師兄的家人，問了M師兄的過去。

家人回答：

「是的，是有此事。」

M師兄，三十年來，住西雅圖，不問世事。但三十年前的事，雖時光逝去，但，卻留下了痕跡。

（M師兄的事，他大姐知之清楚明白。）

這種事只有M師兄自己最清楚了，局外人只能猜測。

例如：失足落海？被推下海？

家中失火？故意放火？

這是往事，唯自己知，唯對方死者知，任何人都不知！（現在我知道了）

我知道這是很悲慘的事，如今，我做「千艘法船」超度，已無能為力，因為女冤魂，不肯饒他。

正在為難之時，我的「四個鬼妻」，現身對我說：

「盧師尊，我等姐妹幫您！我們去勸解。」

（我的四鬼妻是：倩倩、芙蓉、津津、瑞光）

祂們說：

「去請觀世音菩薩來做主！唯有觀世音菩薩的楊枝淨水，能滅心中嗔火，菩薩神通廣大，甘露遍洒三千。」

我念：

觀音菩薩妙難酬，清淨莊嚴累劫修。

三十二應徧塵剎，百千萬劫化閻浮。

瓶中甘露常時洒，手中楊柳不計秋。

千處祈求千處現，苦海常作度人舟。

祈請南無普陀洛伽山，大慈大悲觀世音菩薩。

剎那之間。

菩薩莊嚴現身，光彩莊嚴，手托淨瓶，上有楊柳枝。

祂一洒，清淨。

二洒，自性清淨。

三洒，一切自性清淨。

那女冤魂原本猙獰嗔怒，竟然變成苗條美女，面帶甜美笑顏。

觀世音菩薩帶著她，去了普陀洛伽山紫竹林去了。

臨走時，對我說：

「有一篇小文，你放書上，警惕世人。」

我說：

「遵菩薩旨。」

這小文是「醒庵愚人」寫的：

萬惡淫為首。要知奸淫一事，乃世間最重過惡，最慘之禍害，最速的報應。古人云：「淫人之罪，如殺人等罪。」

蓋淫心一起，奪人之愛，妒人之有，恨人之阻諸惡由此而起，是過惡之最重也。

古人云：

「賭近盜，奸近殺。」

蓋男女婚姻，有一定之配合，切莫邪淫，假如他人奸你妻女，你心如何？每每人命大案，非謀殺本夫，即奸夫被殺，非強奸不從而殺，即彼此忌奸而殺。

是奸與殺，原是相連。

行奸圖一時之樂，大半喪命辱親，須知被人殺，殺人也要償命，總為極苦，是禍害之最慘也。

古人又云：

「淫人一妻，還人一女。」

我眼見許多淫人妻女者，不久妻女亦被人淫，總在本身親見，不會待之後代子孫，是報應之最速也。

我勸你們各守淫戒，既無過惡，又不喪身，豈不妙哉！

我（盧師尊）的勸世文：

很多人無知妄為，恣意放縱欲望，是要切切守法戒的。要節慾知足。

我亦看見好色之徒，自己家室尚不滿足，外遇頻頻，甚或包娼包妓，強佔民女，猥褻幼小，無所不為。

縱然逃過殺身刑獄之災，但免不了成癆瘵者。

有得陽痿者。

有得性病者。

有得潰爛者。

有得下消者。

有得惡疾者。

乃至病入膏肓，醫藥無效。

徒逞一時之快，喪失天生有用之身，一旦氣絕身亡，不只事業無成，家庭破碎，還要背業下至三途惡道，或入地獄，或入餓鬼或變畜生。

唉！

可嘆！

可憐！

可悲！

速醒！速醒！速醒！

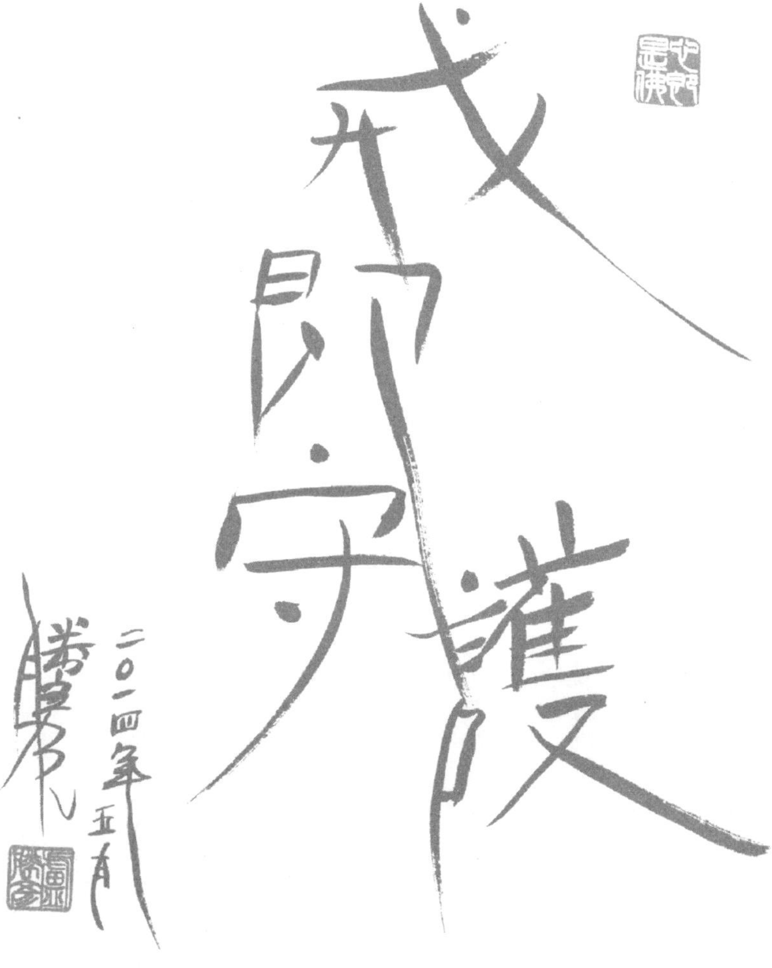
戒即守護
二〇一四年五月

「紮基拉姆」小傳

師尊在前幾周的法會同修時，提到紮基拉姆與大吉祥天一起下降。弟子聽聞，故供養一尊小小紮基拉姆金身，希望紮基拉姆能夠護佑師尊師母身體健康。

紮基拉姆是一尊很特別的護法，在世間少有聽聞，為西藏格魯派的不共護法。目前只有在西藏拉薩的紮基寺有供奉。

紮基拉姆膚色黝黑、雙眉緊鎖、雙眼圓睜、巨口大張並且舌頭延伸至下巴，以雞爪為足。這種形象顯示了她對邪惡力量的強大威懾力和降伏能力。

相傳紮基拉姆一心修行，由於她比較漂亮，就遭到了嫉妒，便有邪神下毒害她，而紮基拉姆修行境界之高，把毒逼到了舌頭上，但是舌頭卻無法縮回，便把長長的舌頭外露。邪神看到無法毒害，便砍掉她的雙足，誰知紮基拉姆又長出了雞足，因此人們也叫紮基拉姆為「雞足神」。

也因此形象，表現了紮基拉姆能夠解毒的大法力，也代表能夠解除眾生內在的心靈的毒。

關於紮基拉姆的傳說，還有一個。相傳紮基拉姆是一位美麗、年輕、善良集一身的漢地女子，深得乾隆皇帝的喜愛，成為他最寵愛的妃子，正是由於她的美麗和善良才導致別人的嫉妒，讓自己香消玉殞。

在自己被害後，她不願離去，想到自己這麼善良，卻是這種結果，內心的怨恨讓她失去了本來的純真，一心想要為自己要個說法，於是便每天在皇宮徘徊，搞的宮廷裡的人心中不由得害怕起來。

乾隆皇帝得知後，便請藏地色拉寺的強巴敏郎喇嘛前來，希望高僧喇嘛安慰逝者，安定人心。當色拉寺的喇嘛來到後，看到一名女子正在房樑上哭泣，便與她交談，原來才得知她是妃子，被人所害，想要討個說法，才遲遲不願離開。

高僧喇嘛把事情的原委如實的告訴皇帝，他得知後，甚為大怒，把害她的人全部正法，並請高僧為這名妃子超度，希望她早日脫離苦海。

一切事畢，高僧離去，在回西藏的路上，他發現這名妃子，一直跟著自己，不願離去，便問她原因，此女子說，我心地善良，得大師的指點，願皈依我佛，早日解脫。大師說，此路程遙遠，你一個女子很難做到。

最後這名女子不管怎麼勸說，就是不願離去，高僧看到她一心向佛，道心堅定，便同意了，在快到拉薩色拉寺的時候，高僧說：「那裏是僧人修行之所，妳不便前往，我在這裏給妳建一居所，接受人們的供養，可否？」女子欣然答應，便留她在色拉寺的屬寺紮基寺。

高僧回去後，便著手為她建立塑像和居所，希望她能夠護佑一方，擔當起守護神的責任，取名「紮基拉姆」。就這樣，紮基拉姆盡心盡責，守護著一方，並且潛心向佛，精進修持。

紮基寺在過往，屬於漢地的軍隊駐紮的地方，所以來往的漢人，常在紮基寺供奉禮拜紮基娘娘。因為紮基拉姆對於往來商人等的庇佑，靈驗十足，所以紮基拉姆的財神屬性就此傳揚開去。

而至如今，藏地五姓財神仍然屬於密傳，不像我們真佛宗的大法王蓮生活佛聖尊將財神法的祕密都公開。每個弟子都可以修財神法。所以在西藏，真正供奉乃至於修財神法的藏傳弟子很少。供奉財神，且公開給信眾參拜的更少（只有作為四大天王之一的黃財神，在藏地比較普遍能看到。其他都屬於祕密供奉，少有公開。）

所以，紮基寺反而成了西藏拉薩最有名的財神廟。迎來過往的信眾，都會帶上白酒去紮基寺祈求紮基娘娘的庇佑與賜福。

現在的西藏，紮基拉姆作為漢地妃子亡魂來到藏地修行，並且被認定為大吉祥天的化身，儼然成為了拉薩地區的大財神、守護神。她能賜予眾生財富與健康，能夠消除眾生的疾苦，消除身體與心靈的毒。

弟子一心供養聖尊法王。希望紮基拉姆能夠消除師尊的病痛，消除師母的病痛。希望師佛長住人間，希望師母能夠長伴佛旁。

弟子定當嚴格持戒，努力懺悔，努力修行成就。因緣成熟，會毫不猶豫的出家，護持師尊的正法，令眾生皆能得度。

弟子蓮遵，於四川成都三拜頂禮

我（盧師尊）與「紮基拉姆」的因緣，是近期的事。

首先是鄭怡師姐從藏廟，請回乙尊「紮基拉姆」，我就把祂供奉在「南山雅舍」的壇城。

我合掌時，祂的舌頭伸了一伸。兩個圓睜的眼睛閃出二道光。

哇！是活靈活現的。

後來在同修會，祂和吉祥天母一起現身虛空之中。

「紫基拉姆」非常好認，因為祂的形象特殊，伸舌睜眼，就很足夠嚇到了人，更何況是「雞足」。

因此，我特別專注祂。盼望祂護佑「真佛弟子」。

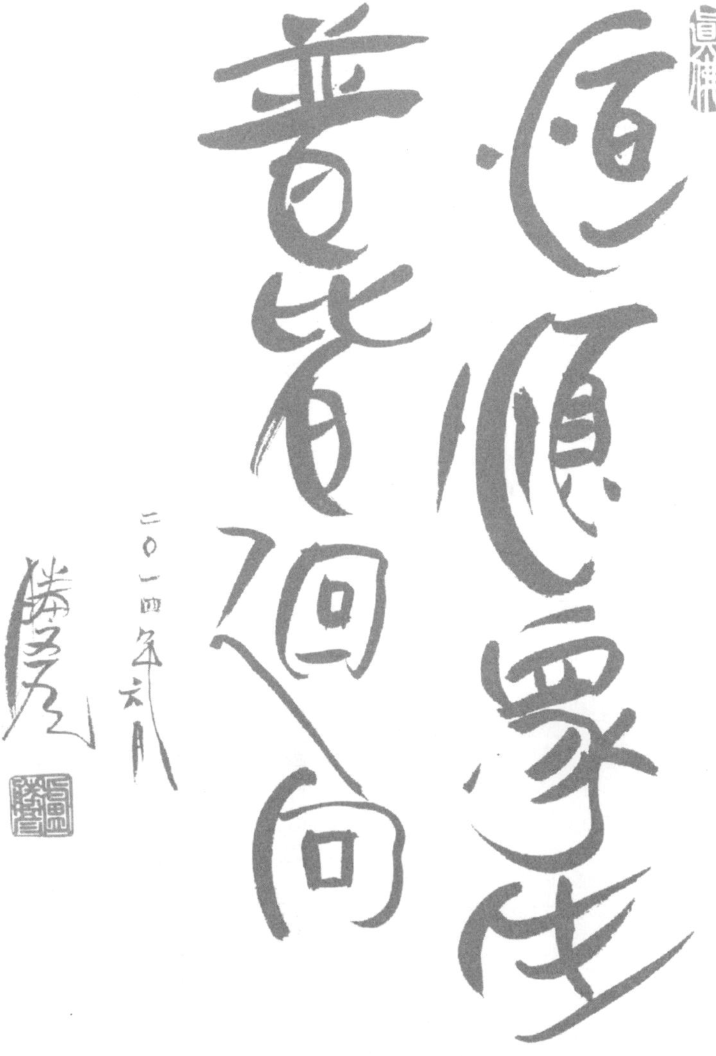
恆順眾生
普皆迴向
二〇一四年六月

佳作共賞

雷藏寺的燈

二〇二四年十一月，一場突如其來的炸彈氣旋風暴，令西雅圖大都市圈遭到重創。

參天大樹連根拔起，電線桿東倒西歪，大片地區停電陷入癱瘓。祖廟雷藏寺亦受影響，停電五天。

那一天傍晚，祖廟黑漆漆。往日裏的璀璨，都隱入了黑夜。在雷藏寺前廣場望去，再不見廟中金母、彌陀、地藏、蓮花童子……

諸佛菩薩金剛護法的金身，都隱入了黑夜。

此情此景。

令人深思。

向來，雷藏寺都是光亮的，是燦爛的。

我們習慣了璀璨的燈光，習慣了站在寺前廣場上一眼就能看到諸佛菩薩的金身。

可是，當意外來臨，一切隱入黑暗時。

光沒有了，我的心慌了。

好似擁有過什麼，伸出手抓了抓，卻是空空。

好似曾光輝燦爛，睜大眼竭力看去，雙眼只有黑暗。

祖廟突然的暗淡，讓我失了神。

剎那間，密苑門口亮起一束光。

原來是盧師尊。

漆黑的夜裏，一道手電筒的光中，盧師尊在為弟子摩頂。

一時間，又被照亮了。

傻傻的看向師尊，有光亮，真好。

摩頂結束，弟子們隨著師尊走進餐廳。

寺前廣場上，再次寂靜，黑夜籠罩。

我的心，停在那黑夜裏。

我依賴著日光遍照，可終會日落。我期盼著燈火通明，才剛一停電，就萬籟寂靜。

我依賴著盧師尊，但人間的師尊終會分別。

突然，我發現，做了師尊多年的弟子，可我卻沒入門。

我的眼，看見的是燈光下金燦燦的佛像，卻看不見光明迸發從未暗淡的真佛。

我的耳，聽見的是盧師尊講的笑話，卻聽不見法鼓聲聲直擊人心。

我的鼻舌，聞到嘗到的是供品香甜，卻嘗聞不到真佛法味。

我的心，感受的是對人間師尊的依賴，卻感受不到對於根本上師真正的依止。

終於，我知道為什麼在黑暗中失了神。

因為燈仍在盧師尊處，我還未點亮自己心中的燈。

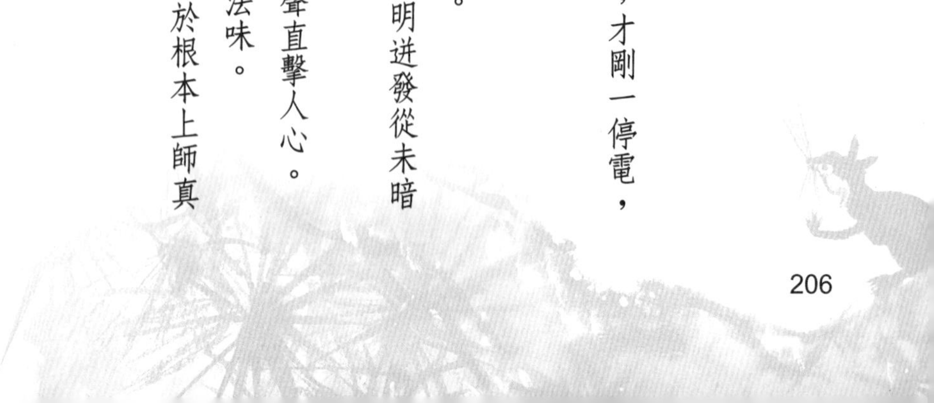

了。

又一日。

師尊摩頂結束，自言自語道：閉關啦，瑤池金母讓我閉關啦，退休了。

我聽了，心中戚戚。

因為我想到了阿難尊者。

佛陀在世時，阿難尊者是佛陀的侍者，也是阿羅漢中多聞第一。可當佛入滅，阿難卻還未開悟。經文集結時，也出不上力。

萬幸，阿難尊者幡然醒悟，精進修行，終於開悟，參與了經文的大集結，為後世佛弟子留下了佛陀的教言，將佛陀的心燈傳遞。

那我呢？那我呢？那我呢？

不禁三連反問自己。

反問自己，得到了什麼答案？

當速速點亮心中的燈，傳續蓮生活佛真佛密法的燈。

照亮自己的路，也照亮眾生的佛途。

如何點心燈？
將依賴師尊轉化為依止師尊。
老老實實，真真實實。
嚴守戒律，次第修行，深入禪定，氣脈明點，大樂，光明，空性，
大圓滿。

雷藏寺停電了。
雷藏寺的燈滅了。
但是。
雷藏寺的傳承不能停。
雷藏寺傳續的心燈不能滅。

盧師尊寫詩：

〈傳燈〉

光照十法界
熄滅三世業
無數真佛子
傳燈永不懈

附錄：一

頂禮無上尊貴敬愛的師尊好：

愚弟子蓮彥無盡感恩師尊無時無刻的大加持！師尊您的慈悲及超級神變大法力真的是太不可思議了！師尊您的每字每句都是法旨，記得師尊您在護摩殿第二次叫蓮喜上師講天語時，師尊您問弟子會不會天語？弟子當時回答師尊說不會，就從那一天晚上開始得到師尊的大加持，弟子就自然會講天語了，但弟子只跟師尊的法身祈禱時講天語及唱天歌。由於弟子感覺師尊的法身讓我不要在大眾面前講天語，所以弟子並不是故作隱瞞。

近段時間，師尊您的法身對弟子說，總有一天你會知道我對你的用心，弟子聽了之後感動大哭，沒多久就夢見兩個夢，第一個夢就是師尊將如意戴在師尊腳的中指，如意變得跟師尊的腳一樣大。接著第二個夢就是夢見師尊去拿吸塵機，弟子五體投地頂禮師尊，師尊您過來加持弟子的天心，天心發出綿綿無盡光亮的大白光湧出來，師尊在弟子耳邊講了一句密語。

自從有了這兩個夢示之後，弟子不自覺地回憶起自己的願力，並且痛哭流涕地向師尊的法身發起大乘菩薩的願力，從這時候開始，師尊的法身時常變化蓮華生大士，當弟子看到師尊變成蓮華生大士時，弟子更加地感動痛哭，感覺心被挖出來一樣，明白過去現在未來三際一如，明白師徒之間的情緣密不可分，師尊的偉大無以言喻！

這幾年來，除週日以外，弟子習慣每天去師嬤菩薩那裡繞佛，從那兩個夢開始，師尊的法身就讓弟子開始在師嬤菩薩那裡講天語、唱天歌請佛住世及召請歷代祖師。

十一月十九日星期二，蓮喜上師說去一四〇空行母基地，弟子蓮彥、蓮喜、蓮員三人買好供品就過去了，蓮喜上師先找到空行母基地的地點，弟子當時就在師尊的大力加持下，用天語及天歌呼喚空行及空行母，我們好像久別重逢，心裡又再次感動連連，弟子跟他們祈禱一起請佛住世，接著師尊的法身出現在虛空中，我們一起唱請佛住世天歌，接著師尊的法身變化蓮華生大士，弟子又感動淚流滿面，很自然地唱祈請歷代祖師的天歌。接著師尊的法身變成瑤池金母、阿彌陀佛、地藏王菩薩千艘法船接引墳場的靈眾往生佛國淨土，弟子用天歌勸導靈眾發菩提心。之後是法身師尊、蓮喜上師及弟子蓮彥師徒三人之間的深緣與深願，弟子在那一刻向師尊發願，弟子會與蓮喜上師，我們姐妹倆從此不分彼此，共同努力度眾生，延續傳承法脈！接著師尊的法身、瑤池金母、阿彌陀佛、地藏王菩薩、尼古瑪再次大加持弟子。

昨天十一月二十四日瑤池金母護摩法會，師尊問弟子會不會天字，弟子回答師尊說沒有寫過，所以晚上弟子修法後，寫了一些天字，祈請師尊加持及教導弟子。弟子再次無盡感恩師尊大加持！弟子時時刻刻請佛住世！祈願師尊住世久久久久久！

愚弟子蓮彥虔誠跪叩頂禮師尊

十一月二十五日

蓮生活佛
傳承
二〇一八年九月

附錄：二

頂禮最最最最尊貴的根本傳承上師聖尊蓮生活佛！

敬愛的師尊佛安！展信歡！

小小弟子蓮員無數次五體投地頂禮師尊亦未能表達弟子的至誠感恩之心，至誠感恩師佛諸佛菩薩金剛空行的大力加持，拔除弟子累世以來根深蒂固的業障，一一點出弟子的缺點、缺失、要修正的種種行為，師尊諸佛菩薩的慈愛與悲憫……，深深地觸動弟子，弟子無邊之慚愧向師尊諸佛菩薩金剛空行求懺悔還淨，從今以後都將盡所能努力精進修持，祈願能早日修持相應，以報佛恩！

弟子仔細地回憶發生在弟子身上不可思議的加持力，並以文字寫出來，盡小小的棉力印證師尊的加持力不可思議，師尊無論是法身、報身、或應身的力量都是那麼地不可思議，師尊真的如他的誓願粉身碎骨度眾生，師尊諸佛菩薩護法金剛空行一直都在守護著我們從未離開過，只要弟子真心實意地願意修持，就能得到守護。

事緣師尊最近在說法開示中，指出西雅圖有兩處空行聚集的祕密基地，一處在彩虹雷藏寺在師嬤菩薩處做生基的地方，另一處在一四〇街。好幾位同門都去到基地，並各自看到不同的佛菩薩、壇城及無數空行。剛好最新一章的《維摩詰經》講到行者要歡喜常做供養。弟子就想，無論有沒有因緣可以看見壇城或佛菩薩空行，去禮拜及供養也是應該的，也是很好的。

一切都那麼自然的因緣下，十一月十八日早上同修完後，釋蓮喜上師帶著平常心的我一起去到了彩雷的空行基地，我們擺好供品，對著師尊的佛像，開始準備繞佛，我們先祈求師尊加持，唸蓮花童子心咒七遍，沒想到，我手結蓮花童子手印，第一遍蓮花童子心咒還沒唸完，內心噴湧而出的大大慚愧，大大的懺悔如洩洪般，變成滴滴眼淚就啪啪地往下掉，這一刻，我知道師尊的法身在加持我，師尊加持的法流從頭頂進入我身，踏出繞佛的第一步，我的腦海裡突然明白了，原來我和師尊的距離從來都不是身處的距離，而是心的距離。從九六年皈依直到現在，我一直都感覺離師尊很遙遠，就算是親自見到師尊，或是日常修法入我我入，還是覺得有距離，不知道為什麼一直都沒有辦法做到百分百跟師尊很親近，這是一直困擾著我的問題。但答案原來是這樣的，內心非常清楚有距離的原因肯定是因為自己有做過破三昧耶戒、沒有守護好戒律行為等種種的過失，我心中不斷地向師尊諸佛菩薩深深懺悔往昔所做諸惡業，皆由無始貪嗔痴，從身語意之所生，所犯十惡五無間，三昧耶戒等罪業，無量無邊諸眾罪，一切我今皆懺悔，諸佛哀憫常攝受，直至成佛不捨離。不斷默念祈禱日吉祥，夜吉祥，一日六時皆吉祥，一切吉祥中之者，祈願根本傳承上師永遠住頂加持，本尊攝受，護法擁載，願傳承的法流灌頂永不枯竭，願師徒早日印心，願修持早日相應。（這祈禱文是弟子多年來每壇法會報名及每一壇修法的固定迴向）。

因為自己所作的業，障礙了自己的清淨，因為不清淨，所以無法跟師尊親近、相應。師尊，我真的知道了。從這天起，我比以往更認真的同修，更加認真地修法，及更加認真地做好每一件日常的工作。

翌日，十一月十九日，剛好是颱風天，師尊沒有在西雷用晚餐，傍晚，蓮喜上師、蓮彥上師還有我三人一起去購買了新的供品直接開車到了一四〇街的基地，蓮喜上師在空行母的引導下找到了空行聚集的點，因為知道蓮喜上師和師尊的法身合一，師尊在超度引領靈眾皈依，弟子並不能看到虛空中的師尊、藥師佛、及諸空行，所以我很虔誠地合掌，心中默唱師尊版本的南摩阿彌陀佛，觀想阿彌陀佛、師尊所有的佛菩薩護法空行放光加持師尊真正超度的靈眾，良久，不知為何我還是很想持蓮花童子心咒，於是我觀想自己變成傳承圖裡面師尊的形象住在心裡，我的身體其他的部位直接變成傳承圖裡的瑤池金母、傳承祖師、八大本尊及金剛護法，不斷地持誦蓮花童子長咒，觀想每一聲的蓮花童子長咒咒輪的光明覆蓋面前的大地。

讓弟子沒想到，正在專注持咒的時候，突然聽到蓮喜上師不斷地催促叫我蓮員法師過來過來，然後師尊的法身就開始加持弟子，我能感受到師尊查看到我所做的業障，無法形容師尊聲淚俱下的無量悲憫之心，不斷地對我說，我一定要拔除你的根深蒂固的業，一定要消除掉你的業，師尊法身用非常大非常大的加持力，從天心開始加持全身，師尊法身不斷地拍打加持弟子，一直問我，你知不知道，你做了什麼，並不斷地用天語一一指出弟子缺點缺失，已重新輪迴的弟子已不知道累世的自己到底做了什麼惡業，但我知道，法身一一指出的，弟子都肯承認並懺悔求還淨。師尊法身如慈父親般教導叮嚀弟子不要妄語，要小心說話、多說好話，要精進修法，不要懶惰，不可以不修法，要與師尊的心相應。當時的弟子對師尊法身的叮嚀，無不一一點頭，因為我知道師尊是如此的愛護我，八十萬億的佛菩薩空行都看著我，都希望我能修持成就，我怎麼可以讓妄語的業令我墮入輪迴，我怎麼可以偷懶不精進修法，我怎麼可以不好好地做好每一件利益他人的事，我怎麼可以讓因弟子的傷害怨恨未能得超拔的靈眾超生解脫無期？不知道如何形容弟子內心的感動，淚如泉湧，不斷的點頭，我知道我知道，這都是不能犯的業！

弟子是何等幸運，竟然得到師尊法身的大加持，拔除了弟子累世以來根深蒂固的業源，消除了這麼大的業障。

弟子在兩處空行基地得到師尊諸佛菩薩護法金剛空行不可思議的加持後，有以下的改變：

首先是如同打開了身體上的自動機制開關，自動地就去翻看師尊的開示並發現裡面全是我很需要的法寶，我一定要認真用心去學習吸收師尊的開示與教導，去實修去實踐；自動地準時參加早上同修；自動地去完成今天未完成的功課；自動地屏蔽掉想要說的無關緊要的話，守妄語、綺語。

空閒時自動地不斷持師尊心咒或百字明咒，持咒時自動觀想心輪乃至全身自動的變成咒輪發出光明，念頭專注在旋轉的咒輪，察覺到雜念生起時自動地，又自動把自己拉回持咒的狀態。我從師尊在『虹光大成就』的開示中知道，原來這就是在做入、住、融，這就是在清淨。因為在專注觀想師尊住頂進入心中，住在心咒，自己與師尊融合無二分別，這時候的我根本不會產生其他的念頭，我與師尊不再有距離。

再來是修法的速度放慢了，修法前會很認真地向師尊、金母、修法主尊禱告加持修法觀想清晰、持咒住心、唸蓮生活佛加持文，不再『熟則溜』，而是認真仔細地做每一步驟，能發自內心去懺悔，如果有覺得不夠專注會重新再做一遍或再唸一遍，不會很快的就結束一壇法的儀軌。

雖然自動機制剛被打開，弟子的修行好像才剛剛開始，起步很晚，小小弟子只是一枝小小苗芽，但弟子終於不再是表面愛師尊、表面敬師、表面重法、表面實修，而且腦海裡會時不時地閃現師尊開示過的重點精華語句，或是懺文中的懺句，很多事情跟師尊講過的一模一樣，換湯不換藥，時間地點人物不同，但道理卻是相同的，舉一例：在禮拜師嬤菩薩時，蓮喜上師說童子們很開心，很感謝師尊，感謝師嬤菩薩，他們在這裡快樂成長，童子還說謝謝蓮員法師的引領，蓮喜上師和我都不知道童子為何說要謝謝我，但事後我們才想起，是因為我到彩雷常住後，負責登記水子靈的安奉及供養，由於無法請教到前一位負責人是如何安奉水子靈的，所以我每週六會取些自己的供品糖果餅乾，代名單中求安奉的水子靈供養師尊、師嬤及壇城諸佛菩薩，觀想水子靈們做四皈依觀想唸四皈依咒，唱誦或念誦往生位迴向給童子們，安奉的名單也放到週日的護摩法會報名箱中。因為童子們的謝謝，弟子腦海中，就出現『原來所做的一切終將回歸到自己身上』這一句，這不就是師尊講的因果嗎？雖然弟子知道所做的都是弟子出家人的本份，並沒有什麼特別的地方，但真的是不可以善小而不為，不可以惡小而為之。弟子也不知道該如何形容腦海會閃現師尊的開示精華或金句，套蓮喜上師的講法，這是每一位弟子身上的法藏，越修持，法藏會顯現得越多。這些法藏都是每一位弟子學習過的，修持過，或原本的願力。根本傳承的加持力很重要，一定要守護好自己的傳承加持，諸佛菩薩護法金剛空行的加持也很重要，自身向善行善修行的自力亦不可缺，行者千萬不要小看修法儀軌中的發菩提心，不要小看做過的每一件大大小小利益他人的事情，這些都將是我們資糧道中的福德的積累，當我們聚集的福德因緣具足的時候，將成為幫助我們衝破障礙的關卡一助力。

師尊在法座上問弟子去兩處空行基地的覺受時，弟子說出的每一個細節、每一個覺受都在現場重演一次，弟子終身都將盡全力去實行答應過師尊法身的事情，永不破這三昧耶。

弟子向敬愛根本傳承上師聖尊蓮生活佛祈禱，祈禱加持弟子這棵小小的苗芽能健康茁壯成長，在師佛的佛光下，早日修持相應，回歸本源。

祈禱師尊諸佛菩薩護法金剛空行也加持許許多多跟弟子一樣問題，或者還有其他有這樣那樣的障礙修行的小夥伴們，也能早日福德因緣足夠，開啓這自動機制，認真懺悔，認真修法，認真做好每一件事，早日修持成就回歸本源。

再次頂禮感恩師尊的慈悲大加持救護，感恩諸佛菩薩護法金剛空行的大加持守護，感恩蓮喜上師，感恩一切的一切！

祈願師尊佛體安康！長住時間！永轉法輪！一切吉祥！

小小弟子 釋蓮員頂禮叩謝

二〇二四年十一月二十六日

法王作家及畫家介紹

書寫般若智、畫境悉地遊、濃淡疏密間、動靜現禪緣

簡介：法王畫家與作家～～真佛宗創辦人蓮生活佛盧勝彥

蓮生活佛獲得道顯密傳承，創立眞佛宗的源起：

- 一九六九年於台灣台中玉皇宮受瑤池金母開天眼，開啟了不同的人生。
- 一九六九～一九七二靈師三山九侯先生授法、皈依印順導師、了鳴和尚清真道長（得到中密及藏密紅教大法傳承），接受道顯密法的傳承。
- 一九八一年皈依白教大寶法王受大秘密圓滿灌頂。
- 一九八二年六月十六日赴美，此後三年閉關學法、修行，禪定中蓮華生大士教授大圓滿法、釋迦牟尼佛摩頂授記公開作者為蓮花童子轉世、彌勒菩薩賜戴紅冠。
- 一九八三年皈依黃教吐登達爾吉上師、花教薩迦證空上師。
- 一九八四年改名靈仙真佛宗為真佛宗。
- 一九八六年三月十九日（農曆二月十日）圓頂出家。

蓮生活佛盧勝彥是一位畫家

蓮生活佛被譽為「書畫奇才」，一九九三年五十歲才開始學習書畫，師從中國國畫嶺南畫派大師趙少昂的傳人朱慕蘭女士，學畫首年即發行第一本畫冊《胡亂塗鴉集》，而後發展自成一家，不論抽象、意象畫作，揮灑自如。書法則是返樸歸真、大巧若拙之境界，蓮生活佛作畫一如中觀修行，不偏不倚，卻隨性自在。他以書畫傳遞禪機與佛法，是當代能將藝術、心靈、佛法完美融合的第一人。

蓮生活佛盧勝彥更是一位著作等「樓」的作家

蓮生活佛盧勝彥文集有多元題材，他日日寫作數十年不輟，精進與毅力不同凡響。

蓮生活佛的創作大致可分以下幾個時期：

文藝時期（一九四五～一九六八）——以詩集、散文展露創作頭角。

• 一九六七年第一本創作《淡煙集》問世——自喻園丁種下創作的幼苗。

學法時期（一九六九～一九八四）——以靈學、道法、密法創作吸引世人眼光。

• 一九七五年推出第一本靈書《靈機神算漫談》（第十六冊），造成轟動。
• 一九八三年從第四十五冊《坐禪通明法》傳授密法的書籍開始公諸於世。

弘法時期（一九八五～一九八八）——融合道顯密傳承，自創真佛密法，普傳於世。

• 一九八六年真佛大法——第六三冊《真佛祕中祕》普現於世。

遊方時期（一九八九～二〇〇〇）——行腳世界，全球弘法，旅遊見聞全紀錄。

• 一九九二年五月著作完成第一百本文集－實現世人眼中的不可能。

隱居時期（二〇〇一～二〇〇六）——著書傳法未曾間歇，師徒情誼由此維繫。

• 二〇〇二年十月第一本小說體著作——第一五九冊文集《那老爹的心事》。

出關後大轉法輪時期（二〇〇七～至今）——明心見性，大樂開悟，書中盡顯般若哲思。

• 二〇〇八年五月文字著作數量達第二百本——《開悟一片片》。
• 二〇二四年六月創作數量邁向新里程碑，第三百本——《回歸星河》

二〇一七年二月十二日法王創作全面電子化—財團法人真佛般若藏文教基金會正式誕生

「電子科技正當紅，書也蕭索、紙也易溶，恐怕未來轉頭空，上下古今雖是同，又風、又雨，落花流水忽西東，將來大密法如何立巔峰，欲順、欲逆，但看聖弟子的征鴻」，這是二〇一二年十月作者蓮生活佛在其二三〇冊文集《又一番雨過》中，曾為文提及因應時代科技的趨勢，對著書弘法形式走向電子化有著高度的期許。二〇一五年九月電子書開始籌備，二〇一七年成立「財團法人真佛般若藏文教基金會」，憑藉專業規畫一個具有圖書館及聊天室的概念，加上讓作者和讀者、讀者和讀者間可以雙向溝通討論的元素，讓虛擬網路建置成為有情世界的平台，「真佛般若藏」電子書網站(www.tbboyeh.org)，因此應運而生，而且能無遠佛屆的將蓮生活佛創作傳遞世界各個角落。

二〇二〇年二月財團法人真佛般若藏文教基金會，將蓮生活佛盧勝彥文集，虛實整合（電子與紙本發行工作的整合），負責法王所有創作蒐集、整理、管理及發行工作。

二〇二四年六月，實現書畫合一理念，以蓮生活佛畫作作為封面設計元素，將蓮生活佛盧勝彥文集，全面重新校對、繪製手印、更新封面再版完成。並訂於法王作家及畫家蓮生活佛八秩壽誕日，正式將三百本蓮生活佛盧勝彥文集成套發行。

為何要皈依？

人們為什麼要找尋皈依呢？因為聖典上說得很明白，「恐懼」與「庇護」其實就是皈依的兩顆種子。簡單的說，一切眾生都有恐懼的本能，因為恐懼就要尋求「庇護」，而得到「庇護」就是要「依怙」，就是找到依止的「皈依」。

而真正能「庇護」眾生者，一定是一位已經完全從恐懼與痛苦煩惱中解脫的人，而這種人就是「佛」，一個完全得正覺，能夠教導人們脫離煩惱的人。

原則上，世人要皈依的對象，必須是：

一、完全從恐懼煩惱中解脫的聖者。

二、具有解脫他人痛苦的大神通聖者。

三、對一切眾生具有慈悲心，有大誓願度眾生的聖者。

四、事理均開悟的聖者。

何謂皈依？

「皈依」等於是一個註冊的儀式，而佛因為你的註冊，就要指引你進入佛法寶藏領域的門。

佛要指引你達到完全解脫煩惱痛苦。

法是修行的功課，就是指引的路，唯一路徑。

僧是修行的助力，修行要有道侶。

為什麼蓮生活佛是值得您選擇皈依的對象？

至於皈依蓮生活佛「紅冠聖冕金剛上師盧勝彥密行尊者」，是因為這位聖者，已經來回「摩訶雙蓮池」淨土無數次。在佛法浩瀚廣大的領域中，他能夠指點你如何走，由一位明心見性的金剛上師來指導，可以解除你的懈怠及迷惑。因此，蓮生活佛就是你應該皈依的對象。

（以上摘錄自蓮生活佛盧勝彥文集第86冊《光影騰輝》第19章〈真佛宗皈依再說明〉）

要入「真佛宗」修持「真佛密法」，一定要先皈依，受灌頂，這樣才算是正式入門。要皈依蓮生活佛，取得「真佛宗」的傳承，該如何辦理？

一、親來皈依：先連絡好時間，由世界各地飛到美國西雅圖雷門市的「真佛密苑」，或依蓮生活佛弘法所在的地方，由蓮生活佛親自灌頂皈依。皈依灌頂之後，蓮生活佛會頒發皈依證書，根本上師法相及修持法本，如此便是取得「傳承」。

二、寫信皈依：欲皈依者，因遍布全世界各角落，親來皈依不容易。因此欲皈依的弟子，只要在農曆初一或十五日的清晨七時，面對太陽昇起的方向合掌，恭念四皈依咒：「南摩古魯貝。南摩不達耶。南摩達摩耶。南摩僧伽耶。蓮生活佛指引。皈依真佛。」三遍。念三遍拜三拜。（一次即可）。在自己家中做完儀式的弟子，祇需寫信列上自己真實「姓名」、「地址」、「年齡」，隨意附上少許供佛費，信中註明是「求皈依灌頂」，然後寄到美國的「真佛密苑」、「真佛宗世界宗務委員會辦事處」（詳如下述）。或直接上宗委會網站（https://truebuddhaschool.org/formrefuge）填寫皈依申請。

蓮生活佛會每逢初一或十五，便在「真佛密苑」舉行「隔空遙灌」的儀式，給無法親到的弟子遙灌頂。然後會給大家寄上「皈依證書」及上師法相，同時指示從何法修起。這即是取得「蓮生活佛」的傳承。

三、至真佛宗各分堂所在地請求協助皈依。（真佛宗的各地分堂分布於全世界）

※未皈依者，亦可耐心先持「蓮花童子心咒」，有所心神領會或感應，再來求皈依灌頂。短咒：「嗡。古魯。蓮生悉地吽。」長咒：「嗡啞吽。古魯貝。啞呵薩沙嗎哈。蓮生悉地吽。」

蓮生活佛盧勝彥「真佛密苑」的地址：

Master Sheng-Yen Lu
17102 NE 40th CT. Redmond, WA 98052-5479 U.S.A.

真佛宗世界宗務委員會辦事處地址：

True Buddha Foundation
17110 NE 40th CT. Redmond, WA 98052-5479 U.S.A.
Tel：（425）885-7573　Fax：（425）883-2173
Email：tbsblessing@gmail.com

台灣雷藏寺

地址：54264 台灣南投縣草屯鎮山腳里蓮生巷 100 號
No. 100, Lane LianSheng, Shanjiao Village, Tsao-Tun Township, Nantou County, Taiwan, 54264, R.O.C.
Tel：+886-49-2312992　Fax：+886-49-2350801

供養蓮生活佛除郵寄「真佛密苑」外，其他方式：

銀行匯款單填寫匯款用途，請填寫：贈予、供養。

英文的匯款用途，PAYMENT DETAIL

請填寫：GIFT-OFFERING

銀行名稱 (Bank Name)：Bank of America

銀行地址 (BanK Address)：10572 NE 4 St Bellevue WA 98004 U.S.A.

銀行匯款代碼 (Swift Code)：BOFAUS3N

銀行分行代碼 (Routing Number)：026009593

受款人 (Beneficiary Name)：Sheng yen Lu

受款人地址 (Address)：17102 NE 40th Ct Redmond WA. 98052 U.S.A.

受款人帳號 (Account Number)：1381 2709 7512

一個符合環保、科技助印經書的新概念

贊助蓮生活佛電子書網站

集聖尊蓮生活佛畢生創作，以「真佛智慧的總集」為建置核心的真佛般若藏電子書網站，是由非牟利組織---真佛般若藏文教基金會所經營著，雖說非牟利、雖說有著大部份的義工，但即使巧婦也難為無米之炊。要讓網站符合一定的國際水準、跟得上科技的腳步，基本的營運成本是必要的。電子書網站最後之所以決議改由隨喜贊助的方式為營運模式，除了謹遵師尊隨喜供養弘法原則外，尚有讓經濟強者協助經濟弱者讀書的助印概念，讓網站中一本本珍貴的書，不分貧富人人可享。

贊助蓮生活佛電子書，是一個符合環保、科技助印經書的新概念。凡贊助者般若藏會為其報名蓮生活佛主持之每一場法會，自 2017 年開站以來所有贊助者受到加持未曾間斷。因此如果您認同般若藏的理念、您肯定般若藏的經營方針、期待般若藏要繼續做得更好，就不要忘了持續大力的支持，我們會珍惜並善用每一分的贊助款，共同讓般若藏永續維持。

真佛般若藏
tbboyeh.org

捐款方式：
帳戶：財團法人真佛般若藏文教基金會
帳號：0050898000092
銀行：合作金庫商業銀行大稻埕分行(銀行代碼006)
地址：台北市重慶北路二段67號
代碼：TACBTWTP

To donate:

Account name:
TBBOYEH FOUNDATION

Account number: 0050898000092

Bank Branch:
Taiwan Cooperative Bank Da-Dao-Cheng

Branch Address:
No.67 Sec.2 Chung Ching N. Rd.
Taipei Taiwan ROC

Bank Swift Code: TACBTWTP

To donate US account:

Bank Of America account Name:
TBBOYEH FOUNDATION

Address: 17245 NE 40th St. Redmond WA 98052 USA

Phone: (425)503-5168

BOA checking account No: 1381 2588 5881

Routing number: 125000024

Email: tbboyeh.us@gmail.com

International Wire Swft code: BOFAUS3N

Bank of America, N.A.,222 Broadway,
New York, NY 10038

蓮生活佛 盧勝彥文集

真佛般若藏
tbboyeh.org

全套再版紙本書
推廣助印及贊助

由真佛般若藏重新編輯再版，讓蓮生活佛的五十餘年創作能夠完整呈現，也是廣大讀者長期以來所殷切期盼。

此次文集全套再版設計編輯，結合書、畫的製作發行，就是讓世人知道蓮生活佛是當代能將佛法與藝術結合的第一人。

蓮生活佛盧勝彥文集紙本書及電子書之發行，自第 277 冊開始二合一，由財團法人真佛般若藏文教基金會統籌負責。

紙本書在台灣發行除了可至金石堂等各大書局訂購之外，為服務廣大各國讀者，真佛般若藏特別設立了網路訂購平台，可直接訂購蓮生活佛盧勝彥最新文集以及全套再版紙本書，訂購平台上也納入了多項由蓮生活佛盧勝彥創作所衍生的周邊贈品，歡迎您的推廣與贊助。

真佛般若藏網路訂購平台
www.tbboyeh.org/cht#/order

除了可在 www.tbboyeh.org/cht#/order 網路線上贊助之外，這裡也提供了贊助匯款帳號：

海外訂購或贊助匯款

帳戶戶名：財團法人真佛般若藏文教基金會

帳號：062087040548

銀行名稱：國泰世華銀行大同分行

Account name : TBBOYEH FOUNDATION

Account number : 0000062087040548

Bank Name : Cathay United Bank (013)

Branch : Tatung Branch (062)

Bank Address : No. 7, Songren Road Taipei City

Swift Code : UWCBTWTP

台灣地區贊助匯款

帳戶戶名：財團法人真佛般若藏文教基金會

帳號：062-03-500524-8

銀行名稱：國泰世華銀行(013)大同分行(062)

銀行地址：台北市重慶北路一段50號

郵局劃撥帳號：5043-7713

戶名：財團法人真佛般若藏文教基金會

如需任何協助，請洽 publisher@tbboyeh.org

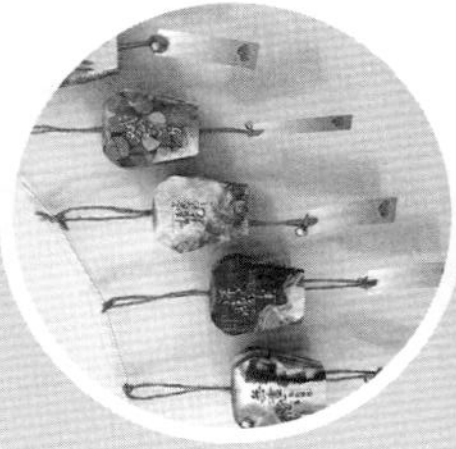

鬼域
大陰山
七海一燈
蓮生符
解脫的玄談
對話
大法力
魔眼
神行記
水中月
陰陽界
層層山水秀
飄雪
道的不可思議
伏魔平妖傳
金剛怒目集
地靈

蓮生活佛盧勝彥文集㊎目錄 第001冊～082冊

蓮生活佛盧勝彥文集㊣目錄 第083冊～165冊

- 第〇八三冊 煙水碧雲間（上）
- 第〇八四冊 煙水碧雲間（下）
- 第〇八五冊 無上法王印
- 第〇八六冊 光影騰輝
- 第〇八七冊 神秘的五彩繽紛
- 第〇八八冊 蓮花池畔的信步
- 第〇八九冊 真佛夢中夢
- 第〇九〇冊 燕子東南飛
- 第〇九一冊 千萬隻膜拜的手
- 第〇九二冊 禪定的雲箋
- 第〇九三冊 西雅圖的冬雨
- 第〇九四冊 殊勝莊嚴的雲集
- 第〇九五冊 盧勝彥的金句
- 第〇九六冊 蓮生活佛的心要
- 第〇九七冊 寫給和尚的情書
- 第〇九八冊 法海鉤玄
- 第〇九九冊 西城夜雨
- 第一〇〇冊 第一百本文集
- 第一〇一冊 蝴蝶的風采
- 第一〇二冊 甘露法味
- 第一〇三冊 密教大相應
- 第一〇四冊 層層山水秀
- 第一〇五冊 彩虹山莊飄雪
- 第一〇六冊 真佛的心燈
- 第一〇七冊 粒粒珍珠
- 第一〇八冊 彩虹山莊大傳奇
- 第一〇九冊 盧勝彥的哲思
- 第一一〇冊 活佛的方塊
- 第一一一冊 走過天涯
- 第一一二冊 密教大守護
- 第一一三冊 小舟任浮漂
- 第一一四冊 密教的法術
- 第一一五冊 明空之大智慧
- 第一一六冊 黃河水長流
- 第一一七冊 一念飛過星空
- 第一一八冊 天地間的風采
- 第一一九冊 和大自然交談
- 第一二〇冊 佛王新境界
- 第一二一冊 天竺的白雲
- 第一二二冊 密教奧義書
- 第一二三冊 流星與紅楓
- 第一二四冊 背後的明王
- 第一二五冊 不可思議的靈異
- 第一二六冊 神變的遊歷
- 第一二七冊 靈異的真面目
- 第一二八冊 智慧的羽翼
- 第一二九冊 走入最隱祕的陰陽界
- 第一三〇冊 北國的五月
- 第一三一冊 超度的怪談
- 第一三二冊 飛越鬼神界
- 第一三三冊 天南地北去無痕
- 第一三四冊 非常好看
- 第一三五冊 揭開大輪迴
- 第一三六冊 隱士的神力
- 第一三七冊 虛空中的穿梭
- 第一三八冊 超現象的飄浮
- 第一三九冊 諸神的眼睛
- 第一四〇冊 神祕的幻象
- 第一四一冊 南太平洋的憧憬
- 第一四二冊 夜深人靜時
- 第一四三冊 人生的空海
- 第一四四冊 尋找另一片天空
- 第一四五冊 當下的清涼心
- 第一四六冊 虛空中的孤鳥
- 第一四七冊 不要把心弄丟了
- 第一四八冊 咒的魔力
- 第一四九冊 水中月
- 第一五〇冊 神鬼大驚奇
- 第一五一冊 獨居小語
- 第一五二冊 當下的明燈
- 第一五三冊 讓陽光照進來
- 第一五四冊 智慧的光環
- 第一五五冊 月光流域
- 第一五六冊 清風小語
- 第一五七冊 另一類的漫遊
- 第一五八冊 孤燈下的思維
- 第一五九冊 那老爹的心事
- 第一六〇冊 葉子湖之夢
- 第一六一冊 清涼的一念
- 第一六二冊 異鄉的漂泊
- 第一六三冊 度過生死的大海
- 第一六四冊 一日一小語
- 第一六五冊 小詩篇篇

蓮生活佛盧勝彥文集全目錄 第166冊～248冊

蓮生活佛盧勝彥文集全目錄 第249冊~至今

持續創作中……

松樹下的問答 Q&A Under the Pine Tree
漫漫語花

作者：盧勝彥
出版者：財團法人真佛般若藏文教基金會
地址：新北市三重區興德路117號5F
網址：https：//www.tbboyeh.org
電子郵件信箱：publisher@tbboyeh.org
聯絡方式：
電話：+886-2-2999-0469
電話：+886-2-8512-3080
傳真：+886-2-8512-3090
封面原畫：盧勝彥
封面設計：張守雷
印刷：寶得利紙品業有限公司
法律顧問：周慧芳律師
初版：2025年04月
ISBN：978-626-7497-14-2
定價：新臺幣260元（平裝）

真佛般若藏

國家圖書館出版品預行編目資料

松樹下的問答 ：漫漫語花 / 盧勝彥作. — 初版. —
新北市 ： 財團法人眞佛般若藏文教基金會,2025.04
面； 公分
ISBN 978-626-7497-14-2(平裝)
1.佛教修持
225.7 114001060

世人怎可知
傳承真特殊
娑婆得淨化
我宗是靈芝

～蓮生活佛盧勝彥

財團法人

真佛般若藏

妙智慧的總集 明心見性由此開始